Un personnage
de roman

马克龙
年轻创造传奇

[法]菲利普·贝松（Philippe Besson） 著

余中先 译

献给我的祖母，辞世于

九十四岁高龄，

她应该会喜欢这个故事。

一个人总要做一点出格的事。

——奥斯卡·王尔德,《格言集》

Un personnage de roman

马克龙：年轻创造传奇

八月

  一艘小艇停泊在塞纳河的岸边，在如镜面般光滑的河水的拍打下轻轻晃动。码头上，人们会发现一些穿着深色上衣的人，在夏末时节的炎热天气中可能快要透不过气来了，但他们还是耐心地等在那里。几台摄像机架设在远处，正在拍摄一组镜头。新闻摄影师的那些长焦镜头全都隐藏得好好的，窥伺着目标。人们猜想，这组镜头最终将出现在杂志、画报那冷冰冰的页面上。如果凑到更近处去瞧，人们恐怕会以为自己置身于一部五十年代末期的意大利彩色电影中，那些浪漫而又暴烈的电影。只不过我们现在是二〇一六年的八月三十日，而且场景全是真实的。那艘小艇，洁白无瑕，继续等在那里。摄像机继续拍摄着。突然，毫无预告地，那个年轻人出现了，步履匆匆。他面带微笑，跟那些穿深色上衣的人打着招呼。只见他手握一个文件夹，紧贴在左腰间。再后来，人们把镜头对准从夹子中露出来的文件。这是一封信，一次出发的宣告。故事可以开始了。一次征服的故事。

另一些人，消息远比我灵通，认定故事的开始实际上要早得多。他们回想起在几个月之前就已打下的基础，四月份他那个运动的发起，七月份他的队伍的第一次大聚会，但，尤其是一些出格的宣言——越来越多，越来越密集，注定宣告了一种决裂。还有一些反复的意外情况，宣告着一种反抗，标志着一种争取解放的意愿。那些提到这一切的人真的都很有道理，就连我也会跟他们说一样的话。从春天起，那位年轻人就在跟我的言谈中透露了他想去"走上一趟"的意图，不是为了他自己，每一次他都会这样明确地说，而是为了捍卫他的信念，除了他就再没有别人信了。没有什么是明晰无误的，一切都是言下之意，然而，他的抱负渐渐得到了肯定。如果说，我坚持要对这可能的逃离打上几个问号，那是因为，我在不断地对自己说，他的孤独在迫使他。我并没有意识到，他坚持要把这个当作一张王牌。它兴许还会是他的临终圣餐，一种放肆的孤独，一种为旅途而做的储备。

但是，就在八月三十日这一天，那艘白色小艇快速行驶在塞纳河上，在万里无云的晴空下，他带着那封信，奔向爱丽舍宫。而伴随着这一形象，我的疑虑一扫而空。这一次，我确信无疑：他走向了那里。此外，他的形象本身也肯定了这一点。他离船上岸，奔向那里。

恰恰就在这之后，有了一段消隐，遁身无形。人们知道，这位年轻人进入了爱丽舍宫，但没有人看到。他走的是一道隐门，一条秘密通道。他是在十五点三十分进入总统办公室的，这"记录在日程中"。总统知道这位年轻人是来做什么的，他们头一天晚上互通了电话，而电视上连续三个多小时一直在谈论这个。总统还是希望能说服年轻人改变主意吗？不，他明白为时已晚，恶已犯下，孽已作下，而在电视频道中循环播出的信息本身就意味着不可能有任何逆转。相反，他很希望能对年轻人说清楚自己的一些想法，关于这次离开，关于这次临阵脱逃（当人们有那么多的事情要做时，他们是不会走掉的；当人们有幸为自己的国家服务时，他们是不会走掉的），关于这次背叛（我创造了你，我成就了你，你怎么能这么忘恩负义？）。年轻人听着总统说，自己什么都没说，他固执地坚持自己已做的决定。另一位则还在坚持，一味地想了解他的意图。年轻人抵抗着，不愿意走出这好几个星期他一直在巧妙维护着的暧昧。对话急转直下。此后，年轻人将只用一个词来形容它：只叙不评。"我一向都能把政治与私事区分开。因而，是的，就停留在只叙不评上。"他重又去乘坐他的白色小艇，他那劈波斩浪的小汽艇。当天，太阳出奇地耀眼。

我们稍稍思考一下"背叛"这一概念，在接下来的时日里，它将会蓬勃生长。一个历史参照会被唤起：这是一刀捅死了恺撒的布鲁图。悲剧同样也会被援引：人们见证了弑父之罪，这是杀死了亲生父亲拉伊俄斯的俄狄浦斯，这是密谋杀死家族之长费多尔的私生子斯麦尔加科夫。[1] 为什么不呢？但是，假如人们捍卫这一理论，那么就得承认，他们是一种君主制的支持者，而在这种制度中，人们会稳稳当当地等待着一个君王的去世。或者，那会是一个由义务人、负债者、债务人构成的共和国，一个受俸者的共和国。那么这就是一种老式的政治，一种一辈子听从父辈的政治。

还有一点：假如人们认定一个个体无权争取自由，实际上，那是因为人们认为他并不是作为他自己而存在的，而是被简化成了一个造物，一个傀儡；他自己的才能一无所是，一切都是别人给予他的，一个皮格马利翁[2]。我承认，这一想法让我颇为难堪：没有任何人必须永远被困在一种永恒的童年中，一种低等的地位中。

此外，"背叛"这一概念不可避免地要转向"信任"这一概念。只不过，这一问题常常不太会向得到信任的人提出，而会向付出信任的人提出。

---

[1] 这里指涉的分别是历史、传说与文学作品中著名的"背叛"典故：古罗马历史中布鲁图与人密谋杀死统帅恺撒的故事，希腊神话中俄狄浦斯杀父娶母的故事，以及俄国作家陀思妥耶夫斯基的小说《卡拉马佐夫兄弟》中斯麦尔加科夫杀死父亲费多尔的故事。——译者注，下同

[2] 希腊神话中的塞浦路斯国王，擅雕刻。他用神奇的技艺雕刻了一座美丽的象牙少女像，把自己全部的精力、热情、爱恋都赋予了雕像，为她起名加拉泰亚，并向神乞求让她成为自己的妻子。爱神被他打动，赐予雕像生命，并让他们结为夫妻。

最终，它假设了某种盲目。我们是不是应该回想一下，弗朗索瓦·奥朗德，一个人们眼中最优秀的政治家，一个比谁都更善于掂量、平衡的人，一个善于躲避危险的障碍滑雪能手，预见到塞戈莱纳·罗亚尔[1]（他的伴侣）二〇〇六年参选总统的事情了吗？预见到埃马纽埃尔·马克龙（他的"养子"）参选总统的事情了吗？很显然，他至少是个远视者，他不善于靠得太近来看。

（瞧，我刚才采用了真实的姓名、真实的身份，这是我开始写这个故事以来的第一次。而且，我承认，我觉得自己有些诚惶诚恐。然而，如何才能避免呢？更何况，我又该如何称呼主人公——这本书的描写对象呢？叫埃马纽埃尔吗？这未免太随便了。叫埃马纽埃尔·马克龙吗？又太长了。叫马克龙吗？太生硬了。干脆，就叫埃马纽埃尔·马吧？这很杜拉斯。但是，杜拉斯式的叫法，我喜欢。好的，从此就叫他埃马纽埃尔·马了。）

那么，这个当事人究竟会对此说些什么呢？他会否认弑父："总统不是我父亲。我在认识他之前就已经有一段政治经历了。我有过一个职业。"（人们会不由自主地在这最后的辩白中听出一种

---

[1] 塞戈莱纳·罗亚尔（Ségolène Royal, 1953— ），法国女政治家，社会党人，在2007年的总统选举中败北，她的男友弗朗索瓦·奥朗德后来在2012年赢得了总统选举。

背后铲球的意味。)他同样也会否认背叛:"萨科齐在一九九五年背叛了希拉克,而我没有跟奥朗德在一起待二十年。"宣布结束。

在塞纳河上那艘小艇的插曲之后,现在要讲的是贝西要塞[1]中摄像机林立的故事。在由玻璃与金属构成的走廊上,从一张斜面桌子后传来庄严的话语,那是一种新生的话语,而非告别的话语。

再后来,在我们面对面的交谈中,他将为我提供他自己的解释:"我不是一个不坦率的人,我应该做到前后一致,当时我必须走人。然而,我又不是一个爱闹决裂的人。我讨厌冲突。"正是那样的一个阶段,会促使他下定决心"渡过卢比孔河"[2]:"一个很严峻的阶段——资本主义解体,人口态势紧张,工艺上有了重大改变。人们所经历的不是一九五八年[3],而是文艺复兴。我们的文明会消失,它兴许已经死亡。我兴许是最后一个挣扎着的阿兹特克人。种种妥协与惩罚措施,已不再是形势所迫了。我更愿意离开,并承担毁灭的风险。"

我吓了一跳:"毁灭?"他解释说:"假如我失败,那我就会脱离他们的体系。然而,我才不在乎脱离他们的体系呢。"

---

[1] 法国经济和财政部的所在地。
[2] 意大利北部河流。在西方,"渡过卢比孔河"是一句很流行的俗语,意为"破釜沉舟"。典故源自公元前49年,恺撒破除将领不得带兵渡过卢比孔河的禁忌,带兵进军罗马与庞贝展开内战,并最终获胜。
[3] 指法国在1958年爆发了政治、财政危机,开始第五共和国的历史。

八月三十日晚上,埃马纽埃尔·马出现在了电视新闻的演播室里。二十点钟。那时候,我内心发生了奇怪的变化。这个幽灵引发了一种启示,一种显灵。我想:这个人有朝一日会成为总统。不是因为他所说的话,不是的,而是因为形象,因为那一刻从这个形象中散发出的特质。

(这是一种启示,我说了。这就把我变成了一个灵启者,这一点我同意。)

正是这种难以抑制的感觉,让我决定写这本书。我在想:我要写出那个将成为总统的人的故事。

然而,很快,我那神秘的冲动就被我那无药可救的理智和概率定律给纠正过来了。我想起各种最基本的概念:若没有政党,没有团队,没有金钱,没有经验,人们就无法在选举中获胜,而在三十九岁的年纪,人们是无法在总统竞选中获胜的。

于是我对自己说:我至少要写一篇历险记,一次我并不知晓其结局的历险,但我已经知道,它将包含一些阶段、一些起伏、一些曲折、一些冒险、一些障碍、一些障碍的跨越、一些意外和一些必然性。"对未知的热情发现",如同昆德拉所说。

我要写一种希望。在希望中，人们会聆听到喘息，会感受到激昂和沸腾的情绪，会担心种种幻灭。

我要写一个人物的命运，我们将看清楚这究竟会是一段被粉碎的，还是未竟的，抑或是已完成的命运。

既然我是在回顾一个人物，那我就尝试着在文学的参照中做一番挖掘吧。他会是哪一个人物呢？福楼拜在《情感教育》中所描绘的一个来首都闯荡的外省年轻人弗雷德里克·莫罗[1]吗？和莫罗一样，他也面临着一个在多种政治制度之间变革的世界；但不一样的是，他不喜欢做白日梦，想入非非，他的幻想并不会让他从行动中偏离。邦雅曼·贡斯当[2]所创造的阿道尔夫吗？他兴许有着更高的聪明才智，倾向于爱上一个年岁更大的女人，但是他不像阿道尔夫那样善变，那样犹豫不决。巴尔扎克所想象的那头长

---

[1] 在福楼拜的小说《情感教育》中，主人公弗雷德里克·莫罗从外省来到巴黎闯荡，写过诗，学过画，想写剧本、做议员，但一无所成。他真心爱着阿尔鲁太太，两人却无法走到一起，他为了满足情欲和享乐而追求妓女罗莎乃特，为了满足虚荣心而与唐布罗士夫人在一起，又通过路易丝来激发自己浪漫的灵感。缺乏真心的爱情让他最后只能回归原点。他的"情感教育"的过程是从高尚的理想追求变为越来越庸俗、颓废的过程。

[2] 邦雅曼·贡斯当（Benjamin Constant, 1767—1830），法国作家，阿道尔夫是他同名小说中的主人公。阿道尔夫是个出身高贵的大学毕业生，爱上了比他年长很多的爱蕾诺尔，但不久就厌倦了，不过，他不能斩断情缘，怕给她造成伤害。阿道尔夫为此饱受困扰，爱蕾诺尔也不堪承受如此命运，郁郁而终。《阿道尔夫》被视为现代心理分析小说的经典之作。

了獠牙的年轻恶狼欧仁·德·拉斯蒂涅克吗？和拉斯蒂涅克一样，他也是个银行家，也是个自由派。但是，我觉得他并没有准备好为达目标不择手段，他还没有到厚颜无耻的地步。那么，就是司汤达笔下英俊漂亮、野心勃勃的年轻英雄于连·索雷尔了？他有于连那种浪漫的激情、诱惑的趣味和搏斗的意愿。他将同样大义凛然地死于断头台上吗？或者是法布里奇奥·戴尔·冬戈[1]（司汤达的另一个形象）——天性热情，追求独立，想入非非，反抗父辈的权威，成为战士，并为反对旧秩序而斗争？只不过，我实在很难想象他也会像法布里奇奥那样幸福地坐牢。但是，谁又知道幸福会栖息在哪里呢？

（随笔作家兼企业家马蒂厄·莱内[2]认识他有八年了。莱内从罗斯丹的作品中寻找他的性格："他的冲动有一种西哈诺[3]的气质。这是何等的勇气，何等的气派！他的信念是如此强大，他如骑士一般自豪，

---

1 司汤达小说《巴马修道院》中的主人公。他从年幼时就赢得姑妈吉娜的宠爱，长大之后更是因为长相英俊而成为很多女人关注的焦点。先后爱上了一个女伶、一个女歌唱家玛丽埃塔，入狱之后，则又有了与典狱长的女儿克勒里亚的爱情故事。
2 马蒂厄·莱内（Mathieu Laine, 1975— ），法国企业家，自由派知识分子。他创建了著名的Altermind咨询公司。
3 西哈诺·德·贝热拉克（Cyrano de Bergerac, 1619—1655），法国作家、军官、哲学家。后来，19世纪法国戏剧家埃德蒙·罗斯丹以他为人物原型创作了英雄性格戏剧《西哈诺·德·贝热拉克》，更是让他成为法国家喻户晓的英雄人物"大鼻子情圣"。

毫不惧怕去面对任何对抗。而且他善于把传统的中断与恢复结合在一起。")

他本人又是如何介绍他自己的呢？"我上过国家行政学院，我是财政监察员，我曾在一家商务银行工作，之后，我为弗朗索瓦·奥朗德二〇一二年的总统竞选活动工作，两年多的时间里，我在他手下担任爱丽舍宫总统府的副秘书长。我当过经济、工业和数字事务部部长，干得很起劲。以上为正式履历，但我的生活也有其他内容。我三十八年前生于亚眠。我跟弟弟和妹妹由父母养大，他们俩都是公共服务系统的医生。我跟外祖母关系极为亲密，她是个中学校长，最近才逝世。如果说我的政治思考和政治行为只有一个根源的话，那就是她。我在故乡的城市读完小学。在中学，我认识了后来成为我妻子的布丽吉特，她当时教我们法语与戏剧。当我回首往事时，可以说我很幸运。我生长于一个富裕的社会阶层，我的童年和青年岁月就是遇识、阅读、发现的同义词。在稍后的求学岁月中，这些经历鼓励我走向了哲学，并为保罗·利科[1]当助手。今天我依然在阅读他的作品，试图用他的思想和他对我的教导来滋养我的行动。最后，我有了家庭。这是我的根基，我的庇护所。我有了孩子以及养子，还有七个孙儿。"

---

[1] 保罗·利科（Paul Ricoeur, 1913—2005），法国哲学家，以现象学和解释学而闻名于世。

对这一幅肖像的描绘，我们就到此为止吧。

人们一下子就看到了什么具有诱惑力：外省的童年。他将骄傲地强调，他来自一个远不如其他很多地方优越的地区——皮卡第，一个在他小时候是由共产党人管理的城市——亚眠，他了解那里气候严酷，有一条水流平稳的河，还有一座壮美的大教堂。与外祖母的联系也一样，具有一种令人感动的力量：这个教书的女人帮助他成长，唤醒他的精神世界。她不久前去世了，留下了一片虚空，让那些夸夸其谈的心理学家有机可乘。他通过学习获得成长，是量才而用的共和制结出的一个成果，而他同样也会创造出自己的成果。

人们读到了可能会吊人胃口的事：一个中学生爱上他的老师，一个少年郎爱上比他大二十四岁的女人。在火样的青春年代做出疯狂承诺并且得以兑现。而到最后，则建立起一个跟任何其他家庭都毫无相似之处的家庭。他后来还保持着对戏剧的热爱，但那是对艺术的爱，还是对启蒙的迷恋？还有与一位老哲学家的友谊：这又是一种独特性。

人们尤其还看到了可能会令人扫兴的事：金色的青春年华，私立中学，财政监察员，罗斯柴尔德，在史无前例的短时间里赢得的几百万，跟金钱及金钱势力打交道的这一永恒的行业。还有他对权力之道的频繁光顾，尤其当这一权力还由一个被羞辱和嘲讽的领导者把控。人们对洛朗·法比尤斯[1]进行残忍的性格描写：按照"最年轻的法国总理"的说法，埃马纽埃尔·马只会是一个"涂脂抹粉的小侯爵"（没错，他知道自己在说什么）。有如此家庭出身的人，恐怕很难取悦大多数人，但这毕竟是总统选举的定义。

我所（自私自利地）期待的是，他将成为他自己，摆脱所有的参照，而这就够了。我还期待，私人的传奇故事将与国家的传奇故事相遇。因为我想书写的真正主题，兴许恰恰就是这个。

第二天，我跟当事人有了一番对话，为的是向他说明我的意图。我认识他已经两年了，我们第一次相遇是在我们共同的朋友家中的一次晚餐上。我们后来又见了面，彼此趣味相投。我们会不时见面，偶尔给彼此发个短信，谈论日常生活，谈论文学，却极少谈论政治。我很赞赏他的睿智，对他颇有好感，对他的妻子也抱有极大的温柔之情，对他们这一对平等的夫妇充满好奇；相反，我对他行使的权力却没有丝毫兴趣。一般说来，我总是跟权力保持着一定距离。偶尔让我感兴趣的是权力故事的悲剧性，从小说家的角度来说；或是权力故事的传奇性，从一个老顽童的角度来说。而我喜欢

---

[1] 洛朗·法比尤斯（Laurent Fabius, 1946— ），法国政治家，社会党人，曾任法国总理，法国社会党第一书记。

其中某些形象，比如密特朗的形象，确切地说，是他那传奇故事的丰富性。我知道，那些与权势人物过从甚密的作家，常常会迷失其中，而那些冷眼旁观、仔细剖析的作家，才会有幸偶得佳作。当我提及我的著书计划时，埃马纽埃尔·马既不鼓励我，也不泄我的气。我要求能接触他本人，读他的日志，拜访他的总部。他说：行，同意。没有要求任何回报，没有任何控制，没有任何反复。我并没有问他为什么同意了。我猜想，他的信任源于我们对彼此的好感。

九月

他作为"自由人"首次正式外出，走的是香槟沙隆博览会的通道。他身后跟随着一大批记者、摄影师、摄像师。这些人根本就不想错失一次可能见证重大事件的机会，但这样一来，他们也算参加了他的履职仪式。现场真是一片疯狂，有互相推搡的，有互相踩踏的，有挤到一起的，有大声喊叫的。人群纷纷要求合影，他则毫无保留地参与。一个政治老手观察到这一番喧闹嘈杂，认定了这一局面是"发生了一些事"。而这个句子，我感觉人们将会常常听到。

当天的成功，无论如何，都只是进一步巩固了埃马纽埃尔·马几个月来所做的分析。那么，这一分析到底是什么呢？

法国人被旧世界弄得疲惫不堪。他们理解并承认我们社会的深刻变化，并希望从此能够关注当下的紧迫情况以及未来的严峻挑战。而埃马纽埃尔·马凭借现代性和才能，凭借对全球化机遇的认同，对数字与生态革命的拥抱，应该比任何人都更能回应法国人的期待。

法国人想彻底改变现状，想"搅动"体系，摆脱近三十年来归于失败的二元政治模式。他们呼吁重新洗牌，呼吁新的做事方式。而他拒绝传统政党（他宣称它们已"临床死亡"，他总是如此语出惊人），拒绝党派标签。他拥有相对的贞洁，渴望让所有进步主义者一起奋力工作，同时让所有保守派重新陷入无望的忧伤。他会是那位时势所需之人。

法国人再也不需要奥朗德和萨科齐，法国人憎恶他们，甚至否认他们有能力参加大选的竞争。然而，这两个人还在积极活动，满怀着个人的复仇渴望，准备在二〇一二年度的第二回合竞赛中再决雌雄。至于玛丽娜·勒庞，她被一道玻璃天花板束缚得死死的，基本上不能施展拳脚。因此，肯定会有一场厮杀，会有一个人下台。

这样说得通。

总之，这样说得通……假如人们把以下这种说法暂时搁置一旁不予理会：法国人总是嚷嚷着相信未来，但始终在"还是以前好"中求得庇护；他们总是要求改革，但一旦有人努力付诸实践，就会一致反对；他们期盼革命，但选出了一个国王；他们唾弃政党，但为它们投票；他们赌彩票，但憎恶与金钱密切相连的个人。

尽管人们避免提及这种体现了另一种政治的"第三人效果理论"，但它其实和总统选举制度一样历史悠久。每一次，这一理论在现实面前都被击得粉碎，遭遇的失败有一九六五年的勒卡尼埃、一九八一年的若贝尔、二〇〇二年的舍韦内芒、二〇〇七年的贝鲁。[1]

埃马纽埃尔·马的面前并没有一条康庄大道。那里最多只有一个耗子洞。

无论如何，都不要紧，他还是要去。要提防那些想阻碍他前进的人哦。

紧接着有两种相应的看法。

支持埃马纽埃尔·马的看法：他坚持沉浸在真实的法兰西之中，

---

[1] 让·勒卡尼埃（Jean Lecanuet，1920—1993），法国中间派政治家；米歇尔·若贝尔（Michel Jobert，1921—2002），法国政治家，戴高乐派；让-皮埃尔·舍韦内芒（Jean-Pierre Chevènement，1939— ），法国政治家，是左派的社会党人；弗朗索瓦·贝鲁（François Bayrou，1951— ），法国中间派政治家，法国民主运动党主席。

去会见他的同胞，开诚布公地跟他们直接对话，以这样的交流来滋养他的纲领计划。

反对他的看法：必须迅速修正他那与"小老百姓"的问题脱节的银行家形象，把他打发到外省去，到郊区去，到田野中去，到楼房脚下去，以便在显示他受欢迎的同时也显示他的亲民。

第一种看法是一种最为高贵的政治方法，第二种看法则是最陈旧的叙事方法。

现实兴许是这两者的混杂。

瞧，他在蒙马特。他刚刚跟妻子一起吃完饭，从一家小餐馆里出来，在高地上浪漫地散步，在看热闹的人们的注视下走下台阶：您瞧瞧他是多么随和、风流、和蔼可亲，您瞧瞧他是那样与人们打成一片，他妻子还穿着牛仔裤和篮球鞋呢。

瞧，他在康塔尔省的欧里亚克。他清晨时分来到了一家农庄。他主动提出要给奶牛挤奶。他挤不好奶，还有别的活儿可以干呢。奶牛放了个屁，他漂亮的上装便沾满了牛粪。谢天谢地，幸好没有人拍下这个小事故的照片，但一股挥之不去的气味在整个归途中一直萦绕在他身上。居然没有人想到要带上一件替换的衣服。真是的，那些愣头青。

然后是那个星期日，在瓦特勒洛镇，那里正在举行法国最大的旧货市集贝鲁弗斯节活动。埃马纽埃尔·马应镇长的邀请来到了里尔市[1]的郊区，它离比利时边境只有咫尺之遥。我发现那个地方还真有点意思：一个废石堆，周围全是货栈和工业荒地，乐都特[2]黄金时代的遗留物，镇中心有一座教堂和一座清真寺。混杂而谦卑的居民对节庆活动饶有兴趣，春季有嘉年华会，秋季有灯笼游行。埃马纽埃尔·马甫一到来，就挤在人潮之中。在一种甜蜜的北方风情中，到处都是蒙面的女人，吐火的杂耍演员，卖旧货的人。四下飘着香料小香肠的气味和啤酒的气息。我惊讶地发现，他似乎感觉极其自在：他无私地与众人开怀拥抱、亲吻，随时摆好姿势跟人自拍，聆听所有悄悄话，与人一一握手。我不会忘记，一旦选举季回归，就会有很多政客尽显手腕。在他们身上，言行举止表面上很自然，但依然有精明算计的痕迹，而且，那些人一旦上了返回高档街区的列车，通常还会进行一番讽刺挖苦，颇带几分蔑视的色彩。然而，我还是不由自主地信服了那种冲动，正是它促使这位头发梳得光亮的年轻人走向截然不同的同胞。他竟是那么从容不迫，没有表现出丝毫迟疑，即便是不经意的流露也没有。看来，他绝没有强迫自己违背天性。他对我肯定地说道："我喜欢与人接触。假如你不喜欢那样，你尽可以去做别的。"必须说，人们为他所保留的盛情只会鼓励他。没有任何口哨和嘘声，没有谁喝倒彩，而不到两星期前，他还属于一个不受欢迎的政府，

---

[1] 法国北部最大的城市。
[2] 法国全渠道零售商，创建于 1837 年。

还代表一种令人厌恶的经济政策。然而，就在队列的一侧，我终于听到一个声音迸发出来："又有一个腐败者要来把他的沙拉强行卖给我们了[1]！"但是，实际上，这一声辱骂其实并不是冲他而发的，它带有普遍性，冲的是整个当政阶层。"百万富翁！"一个喊声同样从不远处响起。这一声叫嚷对他来说是最危险的，在那些人与他之间重又出现了一道鸿沟，但他装作全然不知，继续走他的路。而在国家宪兵特勤队干了十四年的保镖只是冷眼一瞥，随行的法国电视台的摄像机则什么都没有放过，记者上前去采访了那个一再表达其"仇富"情绪的冒失鬼。埃马纽埃尔·马继续微笑而行。随后，他品尝了当地特色菜贻贝薯条，这将塑造漂亮的形象，将会在某些与他有一面之缘的人心中留下记忆。他们会记得：他来过这里，没有害怕，只是简单的露面，并且没有把他们当作一文不值的人。

金钱，我们还是谈一谈它吧。当然，不是他的钱，不过，无论是有钱还是没钱，他都是有权力的。但这里说的不是他的钱，我们说的是竞选活动所需要的钱。他的政治活动从不接受任何公共资助。于是，他得寻求慷慨的赞助人，然而，在赞助人的慷慨程度上，他又受到了限制，因为法国的法律明文规定了赞助的最高额为

---

[1] 法语中，"卖他的沙拉给某人"的意思是"强迫某人接受他的观点"。

七千五百欧元。除了这一点，他还冒着双重风险：他表现得像某个参加搜寻钞票游戏[1]的人（这种活动很流行，而且得到鼓励，例如在美国），被指控受到某些集团的掌控，而那些集团正不知疲倦地腐蚀人们与政治机构（而且还常常得逞）。此外，弗朗索瓦·贝鲁揭露那些暗中的强大势力乘虚而入，填补了缺口，而据说那些强大势力正期待着投资的回归："在这样的一幅全息图像的背后，有着一种尝试，许多大财阀和其他利益相关方早已做了多次努力，他们不再只想满足于获得经济上的权势，他们还想获得政治上的权势。"这一攻击可能会引起灾祸。他当着我的面很恼火地说："我若是那么喜爱金钱的强大力量，恐怕就会留在那个圈子了。但我并不喜爱这种态度中的犬儒主义[2]的味道。而且，你认识很多愿意拿现在工资的十分之一的人吗？而这正是我进入爱丽舍宫时所做的。就不要给我上什么课了。"他趁机对弗朗索瓦·贝鲁的意图轻轻讽刺了一下："他曾是巴拉迪尔[3]内阁的部长，而巴拉迪尔总是服从于金融方面的利益。他没有辞职，据我所知。"进而又把政治人物作为一个整体进行猛烈抨击："如此明目张胆，很有嫌疑，是不是？实际上，这

---

[1] 2014年，曾有美国富人在巴黎发起这一"搜寻钞票游戏"，即在公共场所暗藏了一些现金，让人们按照某些提示寻找。但这一游戏立即被法国警方禁止。
[2] 犬儒主义是古希腊一个哲学学派，由苏格拉底的学生安提西尼创立，其信奉者被称为犬儒。该学派否定社会与文明，鄙弃俗世的荣华富贵，提倡回归自然，清心寡欲。
[3] 爱德华·巴拉迪尔（Édouard Balladur, 1929— ），法国政治家，1993—1995年任总理。

些人都是商人，占着街道的一头，认为自己拥有专权。"

因此，事关金钱时，他便别无选择：他发出一纸募款书，便去了伦敦，希望那里能有一个想象中既富有又好心的群体。《解放报》对此开玩笑说："被选中之地仿佛恶作剧般一闪而过。它是位于首都中心的一家私人经营的俱乐部，在 HomeHouse 网站上，规则写得非常明确。'赤身裸体是不被准许的。'这一点写得明明白白。但与之相反，俱乐部也明示，'naughtiness'，人们兴许可以把这个词翻译为不得体、举止不当，甚至不服从。这一点却是必须严格遵守的。"整个章程，是他的吗？总之，他从英国首都回来后就多少像个样子了，充满激情，或者幻觉。

最初的几次民意调查结果公布了，真是令人惊喜。当然，埃马纽埃尔·马并不能入围第二轮，但在所有竞选者中，他已经升到了第三位。很快，他就超越了左派与中间派所有潜在的对手，让梅朗雄[1]与贝鲁都降了级，尤其是让奥朗德陷入困境中。谁造了孽就得谁还债。总之，是大不敬的叛逆罪。这些调查将他推到众人面前，他或许不是一个幻象。打击立即增强了许多。当事人没有弄错，他惊叹道："其他人呢？他们通过打击来回应。"仿佛他们嗅闻到了危险。而那时候，他还不是候选人呢！

---

[1] 让-吕克·梅朗雄（Jean-Luc Mélenchon, 1951— ）是法国左派政治家，社会党人，后来退出社会党，先后成为 2012 年和 2017 年法国总统选举左派阵线的候选人。

西尔万·福尔[1]，他的新任公关顾问，也是一位作家和译者。他写过关于普契尼的书，翻译过德语与古希腊语作品（我想，这样的特点在公关顾问中应该是相当罕见的）。他这样对我说："您明白的，假如他当选了，一切就都变了。"我接受这一预言，却并不完全相信。

记者们立即嗅出其中的有用线索，舆论追踪者常常如此。只要群众支持他，他们就会多多少少地公开加入这位"神童"的阵营。而一旦风向转变，他们就会把他拖到泥沼中，对他进行玷污、糟蹋，这是丝毫不用怀疑的。而在伺机而动的同时，他们会让他登上报纸、杂志的封面。

自他宣布辞职起，其资产状况就被剖析过，既然他目前还没有纲领，那他们就必须找到别的把柄。于是，他们对他的妻子产生兴趣了。

必须承认，布丽吉特·马颇耐人寻味。她身上的一切都吸引着人们的注意：她的外表、魅力、年龄，她自由不羁，无视礼俗，打破陈规。而当人们和她稍稍有更多的接触时，就像我这样，还是会感到惊讶、好奇、茫然。一家画报社向我询问她究竟是怎样的人，

---

[1] 西尔万·福尔（Sylvain Fort, 1972— ），法国随笔作家，日耳曼学学者、翻译家、音乐评论家。

我给出了以下描述：

"她出身于一个富裕的中产阶级家庭，娘家本姓特罗尼厄。她的父亲经营着一家巧克力工厂连同十五家商店，母亲协助丈夫做生意。她常常说，她的父母组成了'无法分离的一对'。她是兄弟姐妹中的老六，也是老幺，比哥哥姐姐要小很多岁。有一天，她这样对我承认道：'我从小娇生惯养，在亲情上、社会关系上都是如此，我拥有一切，本来什么都不该抱怨，然而，我的青少年时代充满痛苦。'听了她的话之后，我表示很想知道，痛苦是否源于一种摆脱自己的社会阶层的莫名渴望。她便颇有些狡猾地回答我说：'我参加了十五年的圣心堂祷告，这能让我走在正确的道路上。'实际上，她感受到了自己的存在与渴望之间严重的不协调。她有过一段短暂的放纵期，甚至还想去显示'存在的裂痕'，而一个女人无须到这种程度就有可能变成包法利夫人。

"她遵循了传统路径，二十岁时结婚，成了奥齐埃尔夫人。从此，她回归了普通生活，不时放肆无礼的表现也泯灭了。后来，她有了孩子（她体验到一种'母性的强大渴望'）。她先后有了三个孩子：塞巴斯蒂安（如今成了工程师）、洛朗斯（心脏病科医生）、蒂费纳（律师）。她确信，没有他们，她就没法活下去，他们是她的心肝儿。她天天跟他们说话。至于孙儿辈——如今她已经有七个了，从一岁到十一岁不等——那可就是另一码事了。她'想不计代价地取悦他们',她这样笑着说。但必须说,她的任务并不是教育他们。

"她日后将成为教师,帮助别人的孩子铸造命运。说到自己是如何进入教育之门时,她改写了福楼拜的话,说:'仿佛灵光一现。'[1]她不知道还有什么职业比教师'更非同寻常,它需要耐心,永远不会无用。你讲了一堂波德莱尔的导论课,两小时后,下课铃声响起时,学生们留在教室里,你感觉如履轻风[2]'。她成为一个热情洋溢的教师,渴望与学生交流她的激情。什么样的激情?'唐璜!'她总是这样喊出,并大大地张开胳膊。因为她喜爱鲁莽放肆,因为她喜爱自由的思想。

"有一天,她阐发了另一个理由:'因为唐璜知道他将死去,他走向它。'见我对此甚为惊讶,她便补充了另一层理由,解释了莫泊桑为何也是她的激情所爱之一:'他处处都看见死亡,而我也一样。我很年轻时,就失去了很多人。这让人无法忍受。'经历过这些,她也就不怕死亡了,但'对死亡的过程,我怕',她怕死亡的痛苦。

"在她的激情中,必然能觉察出某种浪漫主义,这一点根本不

---

[1] 在福楼拜的《情感教育》中,莫罗初见阿尔鲁太太时有"Cest comme one apparition"("仿佛圣灵显现")之语。此处布丽吉特用了该句式。
[2] 所谓"履风"(semelles de vent),源自诗人兰波的外号"履风人",他的诗人伴侣魏尔伦最早这样称呼他,因为兰波从不甘心留在原地,而是喜爱运动、逃逸、流浪、旅行,永远在游荡之中。

用怀疑。真的是一个大词,不是吗?这个词大得她每每都要当面修正一番,微笑着称道:'你很清楚,我在用一种残忍的现实主义来对抗这一狂乱的浪漫主义。'她这话,我只信一半。由于我了解她以及那位如今已与她共同生活的人相遇相识的前后背景,我能很容易地肯定,当时,在众多考虑之中独占鳌头的,正是这种著名的浪漫主义。

"那是在一九九二年,她的女儿洛朗斯,亚眠天意中学的学生,有一个同班同学叫埃马纽埃尔·马克龙。女儿直截了当地对她说:'我们同学中有一个疯子,他什么都知道。'这疯子在获得优等生奖的时候,发表了一篇论奖赏之虚荣的演说。他的大胆一下子就吸引了布丽吉特的目光。他上台演出昆德拉的小剧《雅克与他的主人》[1]时,是她为他化的妆。她主讲了一门戏剧课,他想根据爱德华多·德·菲利波[2]《喜剧艺术》的脚本写一出戏,于是他们决定,每星期五晚上凑在一起,她来帮助他写出这一剧作。(作品应该还在什么地方,人们有朝一日会不会读到它呢?)在这次练习中,她见识了'他整个的智力维度'。

"二十五年后,依然是这一智力欺骗并诱惑了她:'一种能

---

[1]《雅克与他的主人》是昆德拉写的"向狄德罗致敬"的一出短剧。因狄德罗当年曾写过一部名为《宿命论者雅克与他的主人》的小说。
[2] 爱德华多·德·菲利波(Eduardo de Filippo, 1900—1984),意大利诗人、演员、剧作家、导演、政治家。

与一切相配的智力。但他不只是出色,很多人都很出色,而他,不光是出色。他远不止如此,他的特别之处在于他根本不在规范中。'

"他们之间的关系也一样,根本不在规范中。对此,她很快就意识到了。年龄的差距成了问题,该由他来克服她的迟疑。如果她的孩子们能接受,那就将冲破最后一道堤坝。此外,她还透露:'我对自己说,假如我不这样做的话,我就会错过我的生活。'依然还是包法利夫人式的想法,但布丽吉特将摆脱她的不幸命运。

"当然,她忍受着讥讽之苦。他近来猛增的人气更是让讥讽倍增:人们一再提起他们之间的年龄差距,在报刊媒体连篇累牍的报道中,在社交网络的泥淖中。人们在一个男人身上所能接受的,到了一个女人身上就要否定。她心中的女性主义觉醒了:'这一不公正会让我愤怒。我会显得咄咄逼人。'有一天,我微笑着问她,跟一个女性主义者生活在一起,埃马纽埃尔·马会感觉幸福吗?她反过来给了我这样一句话:'他故意娶了一个搅屎棍女人。'说完,她就哈哈大笑着走开了。

"对于他们的关系,说到底,她又会说什么呢?会说这就是某种炼金术。一方若是没有了另一方,万事便不再重要了。他们对彼此都是必要的存在。她深深地意识到,实际上她不知不觉地重复了她父母的模式,只不过多了一点现代性而已:他们持续地互相发着短信，仿佛同谋一般。她保证在任何情况下都对他说真话，坦诚相见，避免任何奉承恭维，指出他的优点的同时也指出他的缺点。

"他做抉择时，她会不会给他建议？人们带给他很大的影响（众所周知，人们只借钱给富人）。比如说，她是不是促使他做出了辞职的决定？她亮出一个说法，人们会认定她随时准备付诸实践：'我不是促使他，我是陪着他。'但是，在他辞职的第二天，她就悄悄向我透露：'真的得有勇气，才能离任。'我反驳她说，有些人谈到这像是一种弑父之罪。她颇有些不悦，坚称那些说这种话的人对她丈夫与现任总统之间的关系一无所知，对他们各自的痛苦也一无所知。此外，她还相信，有朝一日，这两个人都会远离政治。

"而对不久的将来，她又是如何看的呢？她回答说她对将要发生的事'毫无概念'。她衡量了她丈夫即将面临的种种困难。她也了解他的优点：'他有能力获得所有的成功。'而为了解释她对一种新局势的渴望，她引用了阿波利奈尔的诗句：'终于，你对这旧世界感到厌倦。'法国人很快就会跟他想的差不多了，也跟她一样了。"

（对这样的刻画，我现在恐怕只有一点要补充：这一夫妻关系是在充满敌意的环境中建立起来的，它面对的是怀疑，是嘲讽，是羞辱，是逆境；它是在决裂、违抗和孤独中建立起来的。这两个人不得不克服来自家庭和周围的阻力，他们不得不直面种种怀疑的目光和种种恶毒的评论。而一旦战胜了如此的逆境和残忍，他们也就变得战无不胜了。他们拥有了一种力量，而那些只熟悉安逸与舒适的人是无法猜测与理解的。对歧视的忍受可以成为培养冷酷无情的决心的酵母。）

埃马纽埃尔·马让我明白，即便他喜欢这样的刻画，即便他觉得它"描述得很恰当"，他还是为他妻子过多的坦露而遗憾。我回答说，他又无法授意报刊照他的意思来描述他们的行为。而只要他们还要暴露于公众视野中，最好还是来一些"恰当的"描述，而不是任由异想天开的、不确切的、不雅观的或干脆就是诽谤性的东西大行其道，占据那些以严肃而闻名的报刊专栏。他最终算是同意了。不过，我们的谈话一结束，我就不禁自问：他提出要求随后又放弃，到底哪一部分才是真诚的，哪一部分又可能是表里不一的？

从更广的层面上来看，我想到了他矛盾的双重性，报刊所强加给他的那一种，还有他自己表现出的那一种。

我们先从报刊说起吧。首先，这是报刊选择的话题，而很显然，马克龙夫妇正是一个话题。它能提高销量（而在这样几近饥荒缺粮的时期，谈论有卖点的话题就变成了一种经济上的必要性，是为了求生）。埃马纽埃尔·马恐怕只想说实质内容吧？他的照片刊登出来了，他穿着泳衣，和妻子在海滩上。他是不是更愿意只占据政治栏目？不过，他也有权出现在大众栏目上，无论他是否愿意。他对此毫无办法。这样更好：他又将如何对抗呢？因之于此，这些报道就如此地令人震惊吗？也不尽然，既然法国人觉得需要了解一下陪在那位渴望最高职权的男士身边的人。此外，稍稍展现那么一点魅力是绝没有坏处的。最后，热衷讨论政治话题也不一定要避开个人情史。

而他，是的，他实际上是不是如在这一大肆报道中所显示的那样充满敌意？我不会忘记，他生于现代化的时代，因而也无法逃脱自我献祭和信息透明的命运。以往，人们自我遮掩，只展现自己想展现的那一部分；人们控制信息流，假如需要的话，还会编造远比真相更美丽的谎言。那个时代已经过去了。他注意到了，因为他已经彻底接受了游戏规则，并准备好获得最好的结果，而不是最坏的结果。此外，我猜想，也正是为了这一目的，夫妇俩才与米谢勒·马尔尚[1]合作，得到她的帮助。此人通称咪咪，不少人把她描绘成大众媒体的"贩毒者"、狗仔队的女祭司。她声称能更好地为他

---

1 米谢勒·马尔尚（Michèle Marchand, 1947— ），法国女企业家，为多家刊物工作。

们管理形象。在这方面，我还可以略提一下塞巴斯蒂安·巴列拉[1]的作用，是他揭露了玛扎琳娜·潘若的存在，以及弗朗索瓦·奥朗德遮掩下的不可靠形象。因为，难道不是最好放一些摆拍的照片，而不是偷拍的吗？总之，埃马纽埃尔·马早已不是第一个利用报刊的人了。

此外，二〇一六年的九月，我们看到了相关的种种形象，有快照，有拍立得，有明信片，诸如此类，不一而足。

首先，是"埃马纽埃尔·马在理发馆"。他让人修剪胡子。说实话，我觉得这一做法很狡黠。所有其他的左派和右派候选人都来过这家理发馆，没有留下过任何痕迹，因为所有人都只满足于在店堂的过道中走一走。每一次他们都装出对交谈者所叙述的内容很感兴趣的样子，摆出一副聚精会神的神态，频频点头，目光却游离着。没有一个人会想到去求助于这些职业人士，而他想到了。他将自己的才华发挥到了极致，选择的不是让人理发，而是把自己交给一位刮胡师那专业而危险的双手。瞧这一位，安坐在皮椅中，脑袋向后仰着，脸颊上涂满了泡沫，屈从于一位灵巧地转动着刀子的费加罗[2]。

---

[1] 塞巴斯蒂安·巴列拉（Sébastien Valiela, 1971— ），法国摄影记者，是他在1994年发现了法国前总统密特朗的私生女玛扎琳娜·潘若的存在，也是他后来在2014年揭露了总统奥朗德与女演员朱莉·嘉叶（Julie Gayet）之间的私情。
[2] 典出法国剧作家博马舍的作品《费加罗的婚礼》，剧中男主角费加罗是一名理发师。

无法抵挡的莫名一击。

随后，就是"埃马纽埃尔·马与愤怒的牲畜饲养人在雷恩"。（看电视新闻时，人们不禁会问，这个世界上是不是还存在不愤怒的饲养人？）其中有一个人喊道："谎言已经够多了，我们正在死去！"这位前部长则不慌不忙地凑过去，叉起胳膊，从容地倾听了一番，但并没有陷入简单的情绪煽动中："我并不想提议什么根本就不存在的神奇的解决办法。"我想，真的是得有一点点勇气（无意识？），才能不说出大家渴望听到的话。

渐渐地，他正式成为候选人。不断增多的民意调查大多是对他的褒奖之言，人们认为他可靠可信。我问他是如何做到的。"真是一个好消息。但我总是试图平静地接受一切。问题在于，民意总是在变。关键是要善于在那些转折的时刻站稳当。"他努力保持清醒，并冷静地剖析他出行之际受到的热烈欢迎。"这里头有很多的外部因素：人们在电视中看到我，他们对我所代表的新颖性有好奇心，他们觉得我是生长于地面的植物。不过，这很肤浅，只是在表面。而真正重要的，则是我身上的特质。我认为人们看重的是我身上的某种勇气，某种真诚。我没有权利撒谎。我有一种职责，要做得透亮，做得正直。"

然而，事情并不全如人们所想象的那样。种种失望出现了，而有时，失望还来自人们最不期待之处。《费加罗报》上登出一篇对亨利·埃尔芒[1]的采访，此人通常被介绍为埃马纽埃尔·马的政治良师，甚至是他的保护者（两个月之后，此人便与世长辞）。这可以说是一次出人意料的打击。人们不知道那究竟是老人家话语失控，还是一个被排挤到核心圈子外的朋友在报复。无论如何，埃尔芒所采用的家长式语调，让我们这位前部长显得很幼稚。埃尔芒所谓的揭示，凸显了对方在历史文化方面的匮乏，把他塑造成一个准童男，除了熟悉妻子的怀抱，对其他一无所知。他公开献出的那些建议恐怕只会在利益相关者之间流传。埃马纽埃尔·马已经有很多敌人了，不确定他是不是也要提防他的朋友们了。

雨点般落下的打击同样也来自爱丽舍宫，人们早已预感到了其中的危险。因为，如果说埃马纽埃尔·马的候选人资格已经深入人心，那弗朗索瓦·奥朗德的候选人资格便早已不会走向胜利，也就将变得对他的阵营毫无用处，甚至还很危险。后者绝不能任由这一可怖的调子散布开来。在里昂举行的一次学术研讨会成了他展现实力的机会。会议主办方"城堡"方面一手安排了撤换嘉宾，借口埃马纽埃尔·马是该项活动的特邀嘉宾。而当事人则猛地来了一次结结实实的阻截："那些伟大的政党，就像个投球手联谊会。但是这里

---

[1] 亨利·埃尔芒（Henry Hermand, 1924—2016），法国媒体人、思想家、政治家。

既没有友谊，也没有球。"他还真有一种善于客套的幽默感，简直具有米歇尔·奥迪亚尔[1]的意味（必须说，他提到了《亡命的老舅们》的作者）。

无论如何，人们感觉到，这两个人——埃马纽埃尔·马和弗朗索瓦·奥，将发动一场大话骰[2]形式的殊死战争。因为，要想有运气胜出一筹（对两位来说都一样），两人中很可能就只能留下一个。因此，他们必须阻止对方继续向前。

这就是我最初向他提出的问题之一。那是在九月底，我们在他克莱尔街的新居中见面。那套公寓很简朴，但功能齐全（属过渡性质？）。它位于一栋平平无奇的大楼的八层，但从屋内一眼望出去，就是巴黎的一个个屋顶，视野极其壮观。他不绕弯子地回答道："假如我有足够的动力，我的候选人资格就不那么重要了。"我则趁机问他，他什么时候会宣布自己的候选人身份。一开始，他只是微微一笑说："必须管理好欲望。"然后，神情又变得很严肃，说："同样，我必须在心理上做好充分准备，必须在一个合适的时机宣布。"

---

1 米歇尔·奥迪亚尔（Michel Audiard，1920—1985），法国编剧和电影导演。他是法国电影导演雅克·奥迪亚尔的父亲。下文提到的电影作品《亡命的老舅们》（1963）的对话脚本就是他撰写的。
2 大话骰（un poker menteur），是一种骰子游戏，其中的"大话"即"谎话"的意思。

之后，他就开始讲述他的精神状态了。"最难的就是，要在保持清醒与一种毫不怀疑的意愿之间寻找平衡……假如我表现出丝毫的疑虑，那我就死定了……"

清醒是什么呢？他回答道："人们所做的一切都是前所未有的……它可能以一种疯狂的速度迅速解体，对此，我是意识到了的。有很多客观理由会让这一尝试归于失败。但我不会泄气，正相反，我的能量倍增……"

而意愿又是什么呢？他提到了他在政治圈所引发的种种评论："每一天，都有人评论我。我应该一律不予作答，不表露任何情绪。我应该向他们露出文艺复兴前意大利艺术家画笔下圣塞巴斯蒂安的那张无所畏惧的脸，《圣母怜子》中的那张脸。不应该流露任何……"他又回到了自己的事务上来，"那是《爱尔那尼》[1]，一种行得通的力量。"我提请他注意，这很适合他几星期后要出版的书的书名。他听了微微一笑。

（我保留了这一参照——《爱尔那尼》，因为我想到，在为这部剧作而写的序言中，维克多·雨果阐述道，应该打破古典戏剧的规律，并且肯定新一代人的美学抱负，即浪漫主义。他还要求戏剧人

1《爱尔那尼》(Hernani)是雨果创作的五幕韵文正剧。1830年2月25日在法兰西喜剧院首演。首演时遭到古典主义一派的捣乱，但在以戈蒂耶为首的浪漫派的喝彩声中，演出终于获得成功。这场所谓的"《爱尔那尼》之战"标志着浪漫主义对古典主义的胜利，成为文学史上的重要事件。

面向观众，即面向人民大众，他们才是唯一有资格确保作品能流传后世的人。一切都在这里了。）

我请他评估一下现有的各种政治力量。他似乎认为，萨科齐将会赢得右派方面的提名初选。在他看来，错在朱佩[1]。"你能看到，有一些候选人采用的是大油门飞机的模式，另一些人则采用的是滑翔机模式。朱佩早已是滑翔机模式了，他会输。奥朗德在二〇一二年的那次竞选中，从一月份起就改为滑翔机模式。假如顺风减弱，你就将落到地上，或者坠毁。反萨科齐主义是一种很偶然的上升潮流，但它是远远不够的。而我，我想我自始至终都应该用大油门飞机的模式。"

朱佩在初选中可能遇到的失败是不会让他沮丧的。"假如萨科齐被提名参选，那么，打败右派的人选会更容易一些。而假如我要压倒他，便需要获得立法意义上的多数。我已经想到了。迫不得已。"对一个承认还不知道自己是否会成为正式候选人的家伙来说，这就实在很不错了……

他从来不说左派，既不说蒙特堡[2]的那一派，也不说梅朗雄的那

---

[1] 阿兰·朱佩（Alain Juppé，1945— ），法国政治家，右派党派共和党人士，曾任总理、外交部部长、国防部部长。长期任波尔多市市长，参加2016—2017年的法国总统竞选，但在最初的党派提名初选中就遭失败。
[2] 阿诺·蒙特堡（Arnaud Montebourg，1962— ）法国政治家，社会党成员，律师出身，是2011年法国总统竞选中党派提名初选时的候选人之一，曾任法国工业振兴部部长。

一派。这就仿佛,对他来说,左派早已不存在了。

我最终把他引到了关于知识分子与政治,尤其是与这次选举运动之间关系的问题上来。他显得毫不留情:"他们对所谓的介入很反感,这实在令人失望。他们变成了美丽的灵魂,轻灵的形象。你懂的,他们属于从来没拿过武器的那几代人。"

他送别我时,我意识到,自我们上次会见以来,他不光更加坚定、清醒了,还更加稳重了。他说(无论是他的嗓音,还是表情,都没有流露出丝毫的焦虑):"你知道你会写什么吗?"我回答他说:"一部历险小说。"然后又补充道:"至少,是讲一种历险的传奇。"他微微一笑,是那种幸福得露出牙齿的微笑。当我重新回到炎热的大街上时,我的信念比来的时候更坚定了。我相信,他的把戏(当时在我头脑中冒出的就是这个词)不再完全是不可能的了。

我想到——作者的直觉反应——通过写下我们的对话能保留下什么东西。我对自己提出的问题,不敢奢望有丝毫的客观性,我根本就不在乎什么客观性,我不是记者,也不是法院的书记官。不,问题在于盲目性,在于身不由己。我清楚存在风险,我会屈服于诱惑,会被当作工具利用,甚至会被人操纵。兴许,他会满足于让我为他的荣耀而工作。我会这里一处那里一处地把他挠伤,然后寻求自我辩护吗?我会任凭自己率性而为吗?偶尔这样,还是经常这样？

我并没有跟亲朋好友说我要写这样一本书。并不是因为我害怕他们的反应（我还敢说他们的反应对我无所谓吗？写作是一种只源于自我的活动），而是因为面对他们合法的质疑时，我不用闭嘴：因为我答应了埃马纽埃尔·马，只有在他的历险结束很长时间之后，我们之间的谈话才能被全部或部分透露。我只能期望以透露某些瞬息的秘密为代价，来（稍微）公开他的话语，或者让他看清正在发生的事情。

十月

我继续观察他，但这一次是远远地。他建议我去斯特拉斯堡走一趟，说他在那里要召集一次大会，而我谢绝了。我了解这类狂热的集会，我怀疑一大群支持者的极端热情，我知道它并不必然意味着什么。而且，我已经见过埃马纽埃尔·马了，那是去年七月份，在巴黎的互助会大会堂。通过观看电视上的形象，我发现他保留了同样的舞台设置：在群众的正中央，他站在一个方形的白色舞台上，周围有一些提词器，没有演讲桌，是美国风格。他要全方位地随意走动，要面对聚集在那里的人。他做出了一个诊断，还提出了几个建议。诊断：一种被最经常地来自公共职务的、不能被罢免的政治专业人士所"充公的民主"，一种"代表性的短缺"。最初的建议：促进民间社会候选人的出现，引入比例代表制，建立信念的联盟而不是机构的联盟，限制任期。这是避开走极端的另一选择。重组政治局面的基础被抛弃了。

此外，他还不点名地攻击了尼古拉·萨科齐（"人们怎么可能想象，当一个人故意超出法律规定的竞选活动经费的上限时，他还能堂而皇之地面对法国人？"）。他还暗暗地讽刺了阿兰·朱佩（"人们怎么可能严肃地想象，当一个人的诚实受到质疑时，他还能支配国家的命运？"）。这话有着惊人的先兆性，它将解释几个月后菲永[1]倒台的部分原因。

不管怎么说，在不得不与那些极端分子对峙的过程中，我发现了一个心口如一的埃马纽埃尔·马：他位于一种族内婚姻制度的中心，但他努力从中解脱出来；他给事物命名，努力让它们稳固下来；他与一个渴望改变的国家共振共鸣，他知道自己要体现出软弱无力、听天由命的反面。同时，一种强有力的形象特别地浮现出来：他雄心勃勃，正值有雄心的年纪，而这便会带来改变。

---

1 弗朗索瓦·菲永（François Fillon, 1954— ），法国政治家，共和党成员，曾任总理、劳动部部长、高等教育和科研部部长。菲永代表右派的共和党参与2017年法国总统的竞选，但在第一轮投票中被淘汰。

还剩下最基本的暧昧：通过宣告左派与右派之间那永恒且无果的对抗的失败，他激发了一种希望，他回应了一种深切的期待，但他究竟是如何具体地调和这两种集体无意识的呢？从共和国诞生以来，法兰西社会就是由这两个半球构成的。

靠他的运气吗？即便法国一直抵制这一点，它依然相信（它真的有些可怜吗？）天命之人。

还有，如同在任何一场竞选活动中都会有所谓装点门面的假菜；那时候，尽管人们努力，却不再前进；那时候，尽管有加倍积极的活动，人们的自由却更少。这正是那些共和派右派领袖大量侵占电视屏幕后造成的结果。突然间，人们只能见到他们了。各派的提名初选在紧锣密鼓地进行着，必须把他们推出来展览。电视节目中只有支持朱佩、萨科齐、勒梅尔[1]及其党羽的声音，他们在大卫·普雅达[2]的节目中展示一套纲领，或者在卡琳·勒马尔尚[3]的节目中揭示自己的精神世界。结果，埃马纽埃尔·马消失于无形，不再出现在公共视野中了。问题是：消失了（即便只是暂时地消失），就等于死了

---

1 布鲁诺·勒梅尔（Bruno Le Maire, 1969— ），法国政治家，曾任政府部长、欧洲事务国务秘书等职。
2 大卫·普雅达（David Pujadas, 1964— ），法国记者，主持电视一台的新闻采访报道工作。
3 卡琳·勒马尔尚（Karine Le Marchand, 1968— ），法国女记者，电视台的新闻主播，也做过文化类（音乐等）的电视节目。

吗？他在自己的形象和影响力上下了很大的本钱，会冒这个险？他将如何应对呢？

同样，那个顽固的谣言还在巴黎（以及别处？）流传：他是一个同性恋者。然而，没有任何具体的事实能确证它。没有任何东西，没有任何证据，没有任何照片。（就连我自己，相当长的一段时间内频频接触过被指控者的我，自诩拥有一台万无一失的识人雷达的我，在这一都市传奇故事中，也很难觉察出真相的细枝末节。）但是谣言还是顽强地流传着，经由社交网络与名流晚餐会的接力传递，它仿佛嵌进人们心中，最终成为一种确信，甚至包括我的一些朋友，尽管我很了解他们内心的善意。（对他们，我半开玩笑半遗憾地解释说，那个所谓的未出柜的同性恋者——很不幸——是个异性恋者，我敢对天发誓。）我试图弄明白，这样一个谣言是如何萌芽、如何滋长的。说来说去，我只找到一种解释，是最糟糕的那种，它只是一种愚蠢老调子的化身：一个风度优雅的年轻人，娶了一个年岁比他大很多的女人，那他不是被包养的小白脸，就是性倒错。既然人们无法把他看作一个小白脸，那……

（毕竟，在这一谣言的诞生中，喜好同性和厌恶女人还是结合在一起了。你还能做何理解呢？人们采用了一种同性恋推定法，让他丧失名声，把他淘汰：就这样，人们认为，你既身为同性恋者，也就不能当选为共和国总统。还有，一个比其伴侣年长二十多岁的女人就应该受到挖苦讥笑：照此推定，轰然倒下的是几十年女性主义斗争的成果。）

接踵而来的是一段逆境时期。在勒芒组织召开的第二次集会几乎就是一次失败。出席者全坐在大厅里，灯光昏暗，透出一片慵懒无力——一帮外省的名流，还有油头粉面的年轻人。埃马纽埃尔·马花费了太长时间分析问题（谁都明白，谁都不是傻子）。他那"日常话题"的演说带有一种巴黎政治学院的味道。他的嗓音有些不对劲。整体上缺乏能量，缺乏热忱。但最严重的还在别处：我们的这一位所针对的是智力（这当然是值得尊敬的），而不是心灵（这可不是一个大词）。在这方面，他有意变换语言风格，改变腔调，加快速度。从来没有一个会计师成为一个历险的英雄。

我教训他说："你对我说过，必须让渴望步步上升。在这一点上，人们宁可放松一下。"他立即回答："我们之间的行事规则，应该永远是互相说一说事情。正因如此，我才跟布丽吉特生活在一起，不然的话，我恐怕早就死了！而我是一个不满足的清醒者。那一次，我独自发表了一篇长篇解说，而不是召开一个群众大会。我应该一劳永逸地提出各种问题。目的并不是召开大会，让它永久流传。我想用一种新方法来写演说词，包含更多的肺腑之言，饱含更多的激情，同时又能从具体的例子出发。这里头，还真有些东西有待创造。"

我想道：有多少政治家会这样回答？换作其他人，难道不会把我打发走，让我回到我心爱的研究中去吗？

几天之后，在媒体上，埃马纽埃尔·马与共和国现任总统算清了账："弗朗索瓦·奥朗德不相信大神朱庇特般的总统。他认定，总统已经变成了一个和别人毫无二致的政治-媒体界的消息发布者。从我的角度来说，我不信任正常的总统。法国人对此并不期待。正相反，这样一个概念会让他们丧失稳定性，让他们感到不安全。对我来说，在当代的民主法国，总统的功能应该由这样一个人来行使——他并不需要发起任何事情，但应以其信念与行动引导社会前进，赋予其方针明确的意义。当总统变得'正常'时，我们就会遭遇政治与体制的冒险，同时还是集体心理学上的冒险，甚至是对行动有效性的冒险。法国人民，在集体意义上和政治意义上，能够很快做出改变，因为他们期待着一种兼具意义和前景的话语。"我终于大舒一口气。

问题是：这种合乎规矩的做法，其目的是不是劝现任国家元首不要参加竞选，以便为他留下一个更自由的场所？或者正相反，因为它令人难堪，会促使他重新服从于法国人的普选，因为埃马纽埃尔·马认为那是自己通往第二轮选举的最佳机会？

除非他希望彻底粉碎那个说他只不过是寄附在奥朗德身旁的一条舟鲕鱼[1]、一个蒙面挺进的盟友的传言。

但兴许，他只不过是在陈述自己将会是个怎样的总统。此人对法兰西君主政体的无意识有完美的理解。他同样知道，人们采取对立立场是很有好处的，他们总是愿意表现为自己希望替换掉的那个人的反面。

十月十八日，埃马纽埃尔·马要在蒙彼利埃市发表一篇主题为"共同生活"的演说。两天前，他向我展示了自己想推进的事情。（我的观点是不是引起了他的兴趣？或者，他让我机械地赞同了他写下的东西？）我很惊讶地发现，他的演说辞基本上是围绕着伊斯兰问题以及恐怖主义问题而展开的。我对他说："而永恒的法兰西就在这一切之中了？"混居着拉丁人、日耳曼人以及凯尔特人的法兰西，学校与教堂并存的法兰西，宣称马赛克拼凑式人权的法兰西，启蒙与抵抗并存的法兰西，它在世界上是独一无二的。他表示同意。

我补充了一句："当权阶层把时间都浪费在哀叹法兰西的脆弱上，你对此感到很遗憾。但是你什么时候会指出它的优势呢？"它拥有动态的人口学，长期的混血传统，无与伦比的文化遗产，强劲

---

[1] 舟鲕鱼（poisson-pilote），一种随同鲨鱼共生的鱼。

的企业，以及让所有人都羡慕的公共服务。我们还是一个军事强国，一个文化强国，一个发明创造的摇篮，比别处更宜居。必须说一说这个。我相信，他听取了我的意见。

他对这一点的遗忘让我惊讶地发现，他那所谓自由灵活的精神，有时已被主流话语污染到了何等程度。多样化的问题已被抹除，而代之以一种关于身份本体的歇斯底里的争论。如今人们谈到法兰西时，只是把它当作一个濒于崩溃的国家。

跟他有了这次谈话后，我就意识到自己已经放弃中立立场了（假如我曾经中立的话）。我意识到我渴望他能马到成功。是为了法兰西，还是为了我的书？

我听了蒙彼利埃的那次演说。永恒的法兰西并没有在演说中出现。相反，他陈述了法兰西民族的优势。特别之处在于，这次埃马纽埃尔·马站在一张演讲桌后面。我猜他需要某种庄严氛围衬托他的演讲，而那斜面演讲桌则增强了这种氛围。那种庄严跟他相得益彰。他的形象树立起来了。

随着请圣瞻礼节的临近，民意调查却不再那么红红火火了。长话短说，在对第一轮投票意向的调查中，埃马纽埃尔·马下滑了大约五个点。这一下滑产生了两个后果：首先，他被打回"次要候选人"之列,因而丧失了特殊性、差异性,还有他代表一种惊喜的可能性;其次,引爆了那些包括从"这是幻想的终结"到"我早就对您说过"的尖刻评论。他这样对我解释说:"当曲线有所下降时,我们必须挺住。"我们做到了。他的反应会是什么?等待时机,低调行事,期待着第一轮警告的炮声过去,继续努力,如同什么差池都没发生过,让人们明白民意调查不能主导一切?或者正相反,最终摘下自身的面纱,加快步子,完善其计划的各种因素,让人更多地了解他的候选人资格,使当选之势变得不可阻挡?又或者,竭力重新找回最初的魔法——兼具胆识与现代性,(公开或私下)敢于违抗既定规则?或者终于对别人下手,为的是让人们听到他(迄今为止,他始终节省着自己的箭矢,引而不发)?我没有什么建议可以给他,但若是我在他的位子上,我觉得我会表现出"我有想法"。

贝特朗·德拉诺埃[1]——我认识他大约有十五年了——跟我说了他对埃马纽埃尔·马的想法:"假如他声称要身体力行地代表进步阵营,那他就不应该忘记社会的进步。"在一个更策略性的层面上,他补充道:"他应该表现出他具有政治意识:眼下,我还处于饥饿中,丝毫没有得到满足。"最终,他还给埃马纽埃尔·马留下了一个机

---

[1] 贝特朗·德拉诺埃(Bertrand Delanoë, 1950—),法国政治家,社会党人,曾任巴黎市市长。

会。"他的优势在于,人们并不想选其他人。"

我把其中并非完全没有情感色彩的批评话语报告给了相关的当事人。随后,就有了他与我之间的一段对话:

"如此说来,我并不是一个绝望的例子……还没有呢……"(微笑)

"还不是,但无论如何,必须采取行动。"

"我没有停止过!"

"我看到了。但是,见诸文字了吗?你的王牌是真诚与对抗,最近几个星期,你发表了演讲,确实很智慧,但那不是同一码事……"

"我不得不通过这种途径。从此,人们就不能再说'我们不知道他在想什么',而一个月之前,人们就是这样说的……"

"群众大会并不一定是传达你的信息的最好办法。它们让你变得跟其他人毫无区别,散发着一种似曾相识的味道。"

"我将出版的书能回答'我是谁'的问题。于是,还剩下两个问题:'他是候选人吗?他提出了什么?'"

"你还可以加上日程安排的问题,这是不可忽略的。你将提出什么呢?"

"我相信一个简单而有力的想法:'靠自己的工作而生活。'这一口号中包含了很多东西。"

"乍一听,是的,这并不坏,但它似乎排斥了所有工作不稳定者、失业者（尽管我十分明白，这一口号恰恰就是要让他们重回工作中）。为什么不提出'能够靠自己的工作而生活'呢？"

"是的，这样更好。我们会测试一下。无论如何，我承诺，我会让工作重新成为竞选活动的中心要素的。"

十月底。我跟他见过面，就在共和国前进党的总部，位于蒙帕尔纳斯大厦的第十五层。首先得穿过楼底的过滤式障碍，而当我来到目的地时，发现这个所谓的总部毗邻半岛电视台的驻地……来接我的人让我穿过开放空间：第一眼看过去，就是一个年轻白人男性的巢穴；女人只占少数，很少能见到有色人种；那些穿正装的男士，年岁更大些的，有权单独拥有一间办公室。这一切，真没有什么革命的意味。他的女助手瓦莱丽·勒隆热让我稍等一会儿，她对我说："我在部里时就跟他一起工作。这里的日程要更为复杂一些。但他适应起来很容易，他从来不会得意忘形，也不会自高自大。"

埃马纽埃尔·马突然出现了，只迟到了十分钟。迷人的微笑，热烈的拥抱。他带我来到他的办公室，一个很是平平无奇的空间，毫无魅力可言，它的唯一特色就是可以从这里眺望一片包括埃菲尔铁塔在内的美丽风景。我想：他就是一个喜爱风景的小伙子，确实，喜爱远景，喜爱远方。是因为近处不那么吸引他吗？就在他的办公室里，他给我介绍了扬·雷诺莱[1]，此君日后将为他拍摄一部"原始"纪录片。他问我，摄像机是不是会妨碍我。我把问题抛回给了他：他立即提到了黑格尔及其理性的诡计。让我们回想一下吧，对于黑格尔（在他的《哲学史讲演录》中），"是理性在掌控着世界"，在他看来，"世界在朝更多的理性、伦理和自由发展。然而，历史所展示的表象更多的是，各种事件拥挤在一起，没有特别的一致性。那是因为理性在历史中起到了狡猾的作用。确实，每个个体都由激情所驱动，欲为其自身利益而行动，实际上也就无意识地履行着一个更高级的任务，而其道路则是由伟人所指引的，伟人扮演了一个心灵引导者的角色，由此，理性在历史中得到了实现"。这真是一个很高贵的参照。

他又更为直白地补充道："真相是，假如你接受被永久地拍摄，你也就接受了任由它摆脱你的控制，你同意了这一点。这里，应该有一种切切实实的炼金术。假如它并不存在，那么，我的事情也就成不了了。"

（后来，扬·雷诺莱从他的角度给我讲述了这次合作："埃马纽埃尔·马克龙接待了我，连同他最亲近的顾问参议们，布丽吉特也出席了。很快，我们就谈到了他所看过的、喜欢的文献纪录片。我对他所提及的参照印象很深：雷蒙·德帕东、伊夫·热兰、塞尔

---

[1] 扬·雷诺莱（Yann L'Hénoret, 1970— ），法国电影导演，纪录片作者，他于2017年拍摄了《埃马纽埃尔·马克龙，一场胜利的幕后》一片。

日·穆阿提。[1]他熟悉电影《韦纳》《初选》《危机：总统之诺》《战争房间》，那些都是经典作品。我告诉他我希望以最客观的方式讲述这一竞选活动，既不参与进来，也不提出问题。我向他承诺，我将会是一只猫。他蜷缩在他的扶手椅中，对我说：'我试图让政治路线有所改动，当人们对我提出这样的建议时，我不想表现为保守派！'我们彼此握了握手，不过，方式是如此特殊，分为两个时间段。前半段，一切都再正常不过了，而后半段，他握紧我的手，同时还紧盯着我，像是在探测我。而正是在这一刻我才明白，我将得到他的信任。"）

让我们回到总部，回到十月份那个清寒的上午。埃马纽埃尔·马向我说明，他刚刚跟贝特朗·德拉诺埃通完电话。我询问他是否希望得到后者的支持。他却有些叛逆地说："什么重新集合，重新组建，让它们见鬼去吧。最好还是有那些积极参加你活动的人。"这实际上是在用礼貌的方式表达，谈话不应该太多……他还补充了一句："贝特朗是一个毫不客气的民意晴雨表。我喜欢他那好心的苛刻。"我问他，那位前巴黎市市长是不是被他的迫不及待以及他流露出的不愿长期参选的情感所打动。他反过来攻击道："但是，我已经

---

[1] 雷蒙·德帕东（Raymond Depardon, 1942— ），法国摄影记者，纪录片导演。伊夫·热兰（Yves Jeuland, 1968— ），法国作家，为电视和电影制作了三十多部纪录片。塞尔日·穆阿提（Serge Moati, 1946— ），法国记者，电视节目主持人，电影导演兼作家。

长期参选了！这当然不是说永久如此了。我从来都不是若斯潘[1]派，但我觉得，他二〇〇二年失败后离开，做得十分光彩。假如不能成功，那就痛痛快快地离开。"

然后，他如约为了我回到上个月的话题上来。"我应该跟人们建立起一种新的关系，不能再是我当部长时的那种关系。我做到了。"我很奇怪，法国人并没有将他参与制定了一项遭人谴责的政策看成他的短板。"他们知道，我从来就不是一个温顺听话的使臣。"他补充道，"但是，没错，那个十月是一个奇特的阶段，一个过渡期。我们经历了我辞职所引起的震撼，而同样的震撼，将来不会继续了。我们不妨这样说，这就如同一种'奇怪的战争'[2]。然后，就该转而进攻了。"他以独特方式找到了换气的机会。

他接着说："随后，我就得提出活动的意识形态方面的基础，这同样也做到了。尽管还存在一些死角：国际方面，国防方面，社会方面。"我觉得，那远远不只是死角，但我还是避免向他完全坦白自己的想法。

他继续说："最后，我必须构建好活动的组织机构。"他对我宣布说，团队不久之后将从条约街那边搬走，从此在一个一千平方米

---

1 利昂内尔·若斯潘（Lionel Jospin, 1937— ）法国政治家，社会党的重要代表人物，曾任法国总理。
2 "奇怪的战争"（drôle de guerre），指第二次世界大战初期英国、法国等国对德国"宣而不战"的奇怪状态。

的地方部署开来。他的事业不会遭遇危机。

他很骄傲地认为,在他准备宣布的一百人代表名单中,男女平等原则得到了"几乎彻底"的尊重。"女性使政治生活变得文明。"他承认,这一点并不是自然而然地完成的:"我的文化是一种男性的、战斗的文化:在商务银行中,你去搏斗,晚上工作到很晚,牺牲了个人生活,这真的很愚蠢。此外,你最终还会失去判断力。"他发誓他已从中恢复。

我们继续着上个月的分析。我询问他如何看待朱佩对他所做的评价("马克龙?既无才华,又不忠诚")。他却把球又铲了回来:"其中透出一种狂热。这不无夸大。众所周知,我坏了他的选举,让他的政治同盟感到不安全。而他的反应表明,他绝对属于旧制度。人们将意识到,他根本就没有什么新想法。说到底,他是一个技术人员,不是一个政治家。"

这话实在值得回味,它出自一个年仅三十九岁却已有长达四年的职业资历的家伙之口。

我询问他民意调查结果摇摆不定的事。"只有一件事情,唯一的一件,能让我的支持率下降,它曾将我置于最高位。这次民意调查不包括那些摇摆不定的人。然而,那些人可能会对我感兴趣。"人们明白,他已经仔细剖析过这次见鬼的民意调查了……"还有,我要提醒你,我还不是候选人!我还没有到达产生成果的阶段。至于我的候选人资格,我设定了期限,十二月吧;在这期间,我要保卫我的自由。"很明显，他并不会在媒体的压力下改变工作日程。

我问他究竟会不会放弃参选，他回答道："我实在看不到有什么会不让我成为候选人。"

我把话题转向卡琳·勒马尔尚的电视专题节目《一种内心的抱负》。他曾拒绝参加这一节目，表示："我不会隐藏我的私生活，但我也不会公开展示它。这个节目是真人秀电视台办的，不是时政台办的。它体现出一种偷窥癖的趣味，但它并不能唤醒任何公民意识。而我想展现的是介入。一旦你接受了这个，之后就很难再恢复垂直度了。而且，这一阶段也打上了严肃的印记！"

我很自然地把话题转到达韦与洛姆所写的书[1]中弗朗索瓦·奥朗德的那些忏悔上来。"在被报道的话语中，没有什么会真正让我惊讶，我很了解这个人，我了解他的缺陷。因此，他并不应该背上耻辱的黑锅，那帮一路追逼的人真是可恶极了。"他努力为共和国总统做辩护，"必须承认，他对法兰西有某种理念。他在任期内做了一些强硬的决定。他的外交政策，他与司法机构的关系，都是无可指摘的。人们强加给他的审判是不公正的。"正因如此，他的辩护

---

[1] 热拉尔·达韦（Gérard Davet, 1966— ）和法布里斯·洛姆（Fabrice Lhomme, 1965— ）是两位法国记者，他们合作写了一本名为《一个总统不应该说这个……》的书，2016年10月出版，内容为这两位记者与奥朗德在其五年总统任期内的多次私下谈话。

很快就受到局限,"我看得很清楚,这一不公正是由他自身的笨拙造成的。他说过一些很不妥当的话。说得更平常些,就是一种不善解释的缺陷。"他也第一次展开了攻击:"说到底,弗朗索瓦·奥朗德是一个虚无主义者,这一点显而易见。在他身上,没有神秘性,没有垂直度,一切都不相上下。"在展开一次兴许致命的攻击之前,他还说:"我想,他应该拒绝参与竞选,为了他自己,为了这个国家。"

我跳将起来。"假如他不当候选人,对你是不是会有一些影响?"判决声随之落下:"无论是他,还是另外一个人,对我的选择、决心和历程都不会有任何影响。"总之,我会根据情境做决定。在这个过程中,没有什么决定会让我害怕。

我回想起他把他的运动称为"前进!",而这一口号源自圣埃克絮佩里的小说《夜航》:"在生活中,是没有解决办法的。有的是前进的力量:你必须去创造,解决办法也就随之而来了。"(当时,还有一些人也提到,运动本身就带有他姓氏的首字母[1]。有些妄自尊大了,是不是?)

我冲他说:"那么,接下来到底又会面临什么呢?"他说:"我的挑战,就是持续投入,使政策更为吸引人,并且更为严肃。这么说并不矛盾。"最后他简述道:"必须与时俱进,同时具有历史的悲剧

---

[1] 这里指马克龙的党派运动叫"前进"(En Marche),首字母是"M",和他自己的姓氏的首字母是一样的。所以这里说,他有些妄自尊大。

意识。"这话让我回想起伏尔泰的话:"没有任何一个伟大的征服者不是伟大的政治家。"

我不禁想入非非:埃马纽埃尔·马生于危机时代。他从未经历过经济增长和社会繁荣的年代。他诞生于三十年繁荣期之后。他在大众失业、生活朝不保夕中成长。他看到法兰西已渐渐地丧失了头等强国的地位,却始终摆脱不了得意扬扬的记忆。他对健康发展的国家和乐观的民族应该是怎样的一无所知,而这也就在很大程度上解释了他的精神状态。

但同时,埃马纽埃尔·马却不是生于战争年代。他经历的始终是和平,他对硝烟灰烬、缓慢的重建以及不时引发阵痛的耻辱记忆一无所知。他经历的始终是欧洲大陆的一体化。他对"历史的悲剧性"究竟会有何感受?他会赋予它什么意义?

十一月

他应 Mediapart[1] 记者的邀请,参加了一个问答游戏(现场录制的),就在该网站的驻地。我认出了他,他期望在人们并不期待的地

---

1 Mediapart 是一个独立的法国在线调查和意见期刊,创建于 2008 年,以法语、英语和西班牙语出版。

方露面，跟对他充满敌意的人们展开对话，寻找出矛盾的所在，进而克服它们，同时表现出什么都吓不倒他的样子。而在操练中，他已经应付得很不错了。

（此外，我觉得，他身上显露出一种明显的特征：他辩论时的表现比阐述时要好，很奇怪，他在逆风中比在顺风中更自在。）

在此期间，左派的船继续漏水下沉，而右派则在电视转播台上纷纷溃败。他几乎什么都不用做，就能坐收渔利。说到底，玛丽娜·勒庞难道不是把竞选基石建立在见证并嘲笑传统政党倒台的观众角色上的吗？

十一月五日。埃马纽埃尔·马把他即将出版的书的手稿寄给了我。我们最近那次见面时，他给了我这样一个建议。我接受了它，巴不得"先于其他人知道"，但我意识到，这意味着我们的同谋关系更进一步了。

他寄来的书稿中附有以下信息：

> 我亲爱的菲利普，请收下我的书稿。其中还缺少一些元素，但我想听听你的总体意见，你不必因为你的种种期待有所让步。另外，我还想听听你在修改、加工、简化或重写方面的建议。我拥抱你，显然，这份稿子你自己留下来就好了。

我翻阅了开头几页，想寻找所有人都期待的信息。它也的确出现在书中：他成了总统竞选的候选人。

第二天，我完成了阅读。作品很智性，很严肃，结构很好，它打开了未来的轨道，描绘了一种抱负，包含了某些反传统的建议，但远没有真正达到他自己所谓的"大爆炸"的程度。总体上，作品很流畅，尤其还相当抽象。激情在哪里？敏锐在哪里？问题是：埃马纽埃尔·马究竟是一个冷血怪物，还是假模假式地掩饰了他的激情，他的缺失？他身上有某种若斯潘的特质，从未抹却棱角，割裂盔甲。

（埃马纽埃尔·马坦承，在其少年时代，他想成为一名作家。他的梦想就是写作。不是金融，不是政治，不是权力，是写作。确实，他"炮制"了几部小说，只不过那些手稿一直躺在抽屉里睡大觉。他妻子把它们都读了，对他的评价似乎为：有前途，但有所欠缺。假如他坚持下去，那他今天无疑不会走在这条疯狂的道路上。如果说他并没有不懈地写下去，那大概是因为他本来就不是作家。）

几天后，我从布丽吉特·马那里听说，他的书稿并没有发给出版商，这颇为令人惊讶。她用一种公文式的语调对我解释说："没错，这不是一次痛苦的分娩，而是一次胎死腹中。"

这就又回到了之前的思考中。

继续说这本书。埃马纽埃尔·马知道我跟贝特朗·德拉诺埃是老朋友，就问我，德拉诺埃会不会答应帮他读一读，并提出他的意见。我立即询问了德拉诺埃，他满口答应下来。后来，德拉诺埃对我说："这真是一个高水平的文本。比我想象的左得多。只是没有太提到密特朗。此外，你知道的，马克龙让我想到了共和体制协议会[1]时期的密特朗，征服社会党之前的密特朗。对我来说，这是一种赞美。"很显然，他被迷住了，被说服了。我把这一信息转达给了埃马纽埃尔·马："你（还）没有得到他的支持，但你（已经）得到了他的注意。"

很快，时间就到了十一月中旬。某些报刊预言了他会加快日程，说埃马纽埃尔·马已经急于宣布参选了。如此，他将出席右派的提名初选辩论，就如一条狗落入一局保龄球游戏中，想吃尽阿兰·朱佩的窝边草，而后者则突然显得很古典，很老派。（他是不是已经走

---

[1] 共和体制协议会，又译共和制度大会党（la Convention des institutions républicaines），简称"CIR"，是密特朗领导的左派政党，1971年，它与时称"工人国际法国支部"的社会党合并。

向衰老了？）兴许吧。我一无所知。我没有对当事人提问题，而这本来是很容易做到的。实际上，我尽力保持距离，不落入新闻界的老生常谈中。再说，我也不太相信。我觉得，想仅仅通过策略上的考量来做一个如此有分量的决定，也许是个错误。在这种情况下，那本书又有什么用？它几乎已胎死腹中，书中的"秘密"早在两星期前就泄露了。但是，竞选活动的结果终归是难以逆料的，一切皆有可能。

与此同时，让人一言难尽的那位阿兰·明克[1]预言了埃马纽埃尔·马的失败。我总在问自己，人们为什么要请教一个几乎总是出错，以至于其失败都成了家常便饭的人。而且，这样一个人还在不断改变立场。今天，他支持阿兰·朱佩（而这对波尔多市市长来说是一个很糟糕的消息），而明天，他将转而支持另一个人，假如风向转了，他恐怕会解释说，他早就预料到了。由此，明克认为，埃马纽埃尔·马犯了"一个日程和定位上的错误。他本应参加左派的提名初选"，并表现为一个新的罗卡尔[2]。他还指责这位还不是正式候选人的人没有制定竞选纲领。在他看来，"政治，就是一道多项选择题：对困难的问题就干脆回答是或否"。接下来的种种事件兴

---

[1] 阿兰·明克（Alain Minc, 1949— ），法国政治家，经济学家，随笔作家，实业家。
[2] 米歇尔·罗卡尔（Michel Rocard, 1930—2016），法国政治家，曾任法国社会党第一书记和法国总理。

许能证明明克的话有道理。埃马纽埃尔·马兴许会失败，而且可能性很大。但是，假如想不那么四平八稳地搞政治，那就将落到历史的好的一边。因为，明克所描绘的不是别的，就是八十年代。

阅读报刊可以发现很多关于政治生活已经瓦解的言论。迄今为止，始终是埃马纽埃尔·马的对手们在激烈地攻击他。说到底，这不是再正常不过了吗？政治是一种斗争，要想获胜，就必须把竞争者打趴在地。但现在却是另一回事：报刊媒体本身就弥漫着有毒的氛围，可以闻到操纵的味道。想看最新的例子吗？《巴黎人报》揪着"马克龙的小算计"不放，而这份报纸通常总是努力表现出一副中立的态度。尤其是《世界报》在拼命博人眼球。在"调查"的封面标题下，人们熟悉的优秀记者拉法艾儿·巴凯和阿里亚纳·舍曼[1]一直在讨论那些经久不散的谣传。（是不是应该提醒她们一下，从根本上说，传言跟信息完全没有关系？）埃马纽埃尔·马克龙？同性恋！他妻子呢？一个耍阴谋诡计的女人！嗯，这可不是我们说的，是别人说的，但既然别人那样说，我们也就不得不重复了……那个小年轻，他竟让人如此害怕，以至于他们不得不重拾《小白炮》[2]的做法？人们是不是很快就会说，他曾为犹太人工作，还有，毕竟那实

---

1 拉法艾儿·巴凯（Raphaëlle Bacqué, 1964— ）和阿里亚纳·舍曼（Ariane Chemin, 1962— ），都是法国女记者，为《世界报》工作。
2《小白炮》（*Crapouillot*），创办于 1915 年的一份讽刺性刊物。

在有点可恶?

我错了,我居然没有相信:在十一月十六日这一天,埃马纽埃尔·马一头扎了进去,宣布作为候选人竞选总统。这样一来,我觉得,我的其余分析就变得有价值了。伴随这一消息而来的各种严苛的评论,因而也成了一种分析。长话短说,当根本受到威胁时,人们也就不会采纳一种"政客"的态度了(在此,我借用了国民议会议员伯努瓦·阿帕吕[1]的术语)。然而,我得老老实实地承认,宣布消息的地点是经过精心选择的:塞纳-圣但尼,巴黎郊区的省份,普通大众的省份。迄今为止,还从来没有人想过要在那里发表竞选宣言。埃马纽埃尔·马就这样把一个信号传达给了失去社会地位者、无依无靠者、焦虑不安者,同样也传达给了青年人和移民。这是属于他自己的"我懂你们"。没有人知道他在对什么人说,但所有人都能感觉到自己就是接收人。同样,这也很狡猾,他选择的是一个见习中心,既然他想以工作和教育为其竞选纲领的核心,并打破禁忌。(在法国,所谓的见习始终像个不受重视的穷亲戚,这一点似乎是无法解释的。)总而言之,这下行了,火箭发射出去了。

---

[1] 伯努瓦·阿帕吕(Benoist Apparu, 1969—),法国政治家、企业家,马恩省的国民议会议员,曾在菲永政府中担任国务秘书。

这一宣言激起了铺天盖地的评论。

第一种意见：有那么多人都觉得自己不吐不快，这一事实表明这个人对很多人都构成了威胁，这实际上是一个重要的政治现象。

第二种意见：评论反映很多评论人有问题。

有很多的攻击角度。

首先，埃马纽埃尔·马是媒体的造物。阿诺·蒙特堡这样肯定地说道："这是媒体的候选人，这是他第七十五次出现在杂志封面上了，却并没有提出哪怕一个建议来。"真是离奇可笑，说话者根本没有宣布他自己的纲领；而且，就在几个星期之前，面对《一种内心的抱负》节目组的摄像机时，他居然还哭了起来。

其次，埃马纽埃尔·马是布鲁图的再世。阿兰·朱佩这样给了他当头一棒："他本身就代表对弗朗索瓦·奥朗德的背叛，从背后捅了一刀。"洛朗·沃基耶[1]这样进一步抬举他："马克龙对奥朗德的所作所为实在是不太光彩。"依然是那么离奇可笑，说话者都是名人，他们先前花费了大量时间诽谤弗朗索瓦·奥朗德，然后又作为惹人讨厌的辩护者亮相。

再者，埃马纽埃尔·马代表世界一体化的精英。吉尔贝·科

---

[1] 洛朗·沃基耶（Laurent Wauquiez, 1975— ），法国政治家，共和派人士。曾任国务秘书、部长等职务。

拉尔[1]（国民阵线派）这样简述道："一个纯粹的金融产物。"真是有趣，这话来自一个曾经为洛朗·巴博[2]做过辩护的百万富翁律师。尼古拉·杜邦－艾尼昂[3]进一步抬举他："他是世界金融制度的新傀儡。"这离阴谋论不远了，应该说，这能作为很好的交易基础。

还有，埃马纽埃尔·马是真空中的候选人。对玛丽娜·勒庞而言，他是"有机玻璃候选人"。

最后，埃马纽埃尔·马是鞋子中的石子。让－克里斯托夫·康巴代利[4]，社会党的老大，这样假惺惺地承认道："这实在是有些让人厌烦。"

人们指责这个新的竞选者剥夺了左派进入总统选举第二轮的机会。但是，什么样的民意调查能让他入围呢？谁没看到左派不是自作孽呢？谁不明白，我们这些左派选民都被丢弃不顾，或者成了孤儿呢？

---

[1] 吉尔贝·科拉尔（Gilbert Collard, 1948— ），法国政治家、作家、律师。原为左派社会党人，后投右，支持勒庞。
[2] 洛朗·巴博（Laurent Gbagbo, 1945— ），科特迪瓦前总统（2000—2011）。原本从事教职，后投入政界。
[3] 尼古拉·杜邦-艾尼昂（Nicolas Dupont-Aignan, 1961— ），法国政治家，右派。
[4] 让-克里斯托夫·康巴代利（Jean-Christophe Cambadélis, 1951— ），法国政治家，曾任社会党第一书记。

就在当天[1]稍晚的时候，我见到了这位未来的正式候选人。我发现他精神松弛下来了，仿佛他宣布消息后不仅放松下来，还受到了鼓舞。然而，我在他的快乐中还察觉出某种更为迷醉的，兴许还更为玄奥的东西。我明白了他在宣布竞选后要求远离摄像机，在孤独中完成一切有什么意味：通过靠近卡佩王朝诸位君王的陵墓，他是不是想在历史中刻印下自己的痕迹？他是在寻找一种涂圣油的仪式吗？是在为自己创造一种命运吗？还是想起只有时间与死亡才是生命的基本？

下午，在他的新大本营，他对几个月来一直陪伴着他并且在未来的道路上还将继续陪伴他的那些人表示了感谢。他很狡黠地提醒道，他不会再另行感谢了，但他很反常地伤感起来，引用了狄德罗的话以表达他心中的感受。哲人狄德罗某一次正给他的情妇索菲·沃兰写信，突然间就置身于一片漆黑之中，因为蜡烛熄灭了。然而，他还是继续写着，虽然他并不知道留在信纸上的字迹是什么样的。他当时这样写道："在什么字都没有的地方，请念道，我爱你。"

而布丽吉特则不打算对自己的生活方式做任何改变。我提醒她，

---

[1] 指 2016 年 11 月 16 日，那一天，马克龙正式宣布参加总统竞选。

从此记者和摄影师会像无头苍蝇一样永远紧紧尾随她。她伸出胳膊，搂在我的肩膀上，坚持说："你真的以为人们能控制我的行为吗？"我真的很想对她说，从此往后，一切都变了，一切都不同以往了。但我忍住了没有说。

我在《世界报》的社论中找到一种很不错的言论模式："埃马纽埃尔·马克龙走向政坛至今还不到五年，他一开始在爱丽舍宫的幕后，之后才步入大众的视野。他有过两位导师：一位是弗朗索瓦·奥朗德，这位幸福的西西弗在一丝经久不变的微笑底下隐藏着禁得起任何考验的坚定；另一位是曼纽埃尔·瓦尔斯[1]，他的勇敢果断不仅咄咄逼人，而且算计缜密。作为好学生，他牢牢记住了老师们的经验教训；作为优秀学生，他会超越他的老师们。"

就在他宣布竞选从而掀起轩然大波的第二天，他来到了马赛。他很奇怪我没有随他前去。我提醒他：我不是新闻记者，也不是文书员，我并不期望成为他言行举止的叙述人。他答非所问地兜着圈子："实际上，你在写一本虚构作品。这不太傻。"我跳将起来："你活成了你没有写出来的小说的样子，而我则要替你写出来。"他依然

---

[1] 曼纽埃尔·瓦尔斯（Manuel Valls, 1962— ），法国政治家，社会党人，曾任法国总理。2016年12月6日，瓦尔斯为参加法国总统竞选辞去了总理职务，但在"左派党派提名初选"的第二轮中落败。

微笑着说:"此话不假。"

候选人资格宣布之后的最初民意调查显示,在第一轮选举中,他的支持率会在百分之十四到百分之十六之间。对他来说,这是个好消息:他会登上优胜者的领奖台;但这也是个坏消息:这一得分远远不够他入围第二轮。我们不妨这么说,假如这是个出发的基础,那他就能有所梦想。

此外,他确实有了梦想,既然他已经开始行动了。"我们所做的已经很出乎意料,而有待去做的则更为疯狂。正因如此,我们将会成功。"

让我大为吃惊的是,他真的相信(而说实话,除了怀疑,我还真做了不少其他事情)。从一个严格的文学视角来看,他的坚信是一种意外收获。因为他不可能是一个小说形象,而那样的小说形象最终即便胜出,也未必会有好运。

而且,右派初选的第一轮进行得很稳当。菲永在最后的日子中完成了一次令人难以置信的"回归",遥遥领先。马克龙很想从中发现一点好兆头:"这证明选民不是固定不变的,有一定的波动性。菲永是做出最少承诺却获得最高分数的人。"这是自我安慰的库埃法[1],

---

[1] 一种建立在自我暗示和自我催眠基础上的心理学治疗方法。由法国心理学家和药剂师埃米尔·库埃(Émile Coué, 1857—1926)首创。

还是真诚的希望呢?

一部专门为他摄制的纪录片在黄金时间播出,片名叫《流星的策略》[1]。片子强调,流星是"一种外星星体,进入大气层后就产生一条光带;绝大多数的流星都转瞬即逝,并且很快就分崩离析,但是有一些,最大型的那些,会给我们这个星球的面貌带来深刻的改变"。一番很好的简述。

然而,不能确定这是否对他有所助益。这部电视片追述了他国家行政学院毕业生的身份,作为银行家的往昔,担任弗朗索瓦·奥朗德幕僚的经历,还有他当部长时的种种交锋。这些形象对他可能会产生适得其反的效果,因为它们都已是明日黄花,不再合乎时宜了。今天,我们已经处于完全不同的局面了。然而他那坚定的决心还是让人印象深刻。是的,那令人难以置信的坚定目光还是被人们记住了,几乎会让人害怕。或者,它比任何话语都能更好地表达他想成为时势之英雄的抱负与信念。

布丽吉特给我打来电话说:"至少,人们不能再说我们这一对是吹牛大王了。"确实,那部纪录片展示了他们如何相遇相识,他们在勒图凯的婚礼,还有他们一直以来如何相互扶持。这些自然能

---

[1]《流星的策略》(*La Stratégie du météore*)的执导者为皮埃尔·于雷尔(Pierre Hurel),该片当时在法国电视台播出。

扫除某些人的怀疑，那些怀疑严重地伤害了这位伴随了他二十年的伴侣。

看了这部影片后，一个熟人发给我这样一条信息：他们实在是太过真诚了。他们必须迅速明白，真诚在政治中是不会带来好处的。

他的书出版了。书名叫《革命》。好荒诞的书名：他又不是切·格瓦拉。而且，他的计划并不能引导大家推翻制度，尽管他在写书的时候一心想打破禁忌，挑战既得利益者，纳入一些反传统的想法，以求适应未来。用"一种切实的力量"作为书名肯定更好。但是，我想书名还是得简短明了，才有立竿见影之效：我猜选择这个书名，背后可能有老谋深算的贝尔纳·菲克索[1]的介入，这个畅销书的制造者。

好消息（至少，对这位十分敏感的小伙子来说）是，他同意扩充所谓的个人部分，即他所提到的他的出身、经历、妻子及家庭。在他修改之前，人们简直会说，那就是一个维基百科条目。而在看到修改稿之后，人们能感觉到他稍稍更投入了一些。我对他表示祝贺。他反驳道："我很痛苦，你恐怕并不知道：我天生是不喜欢展示

---

[1] 贝尔纳·菲克索（Bernard Fixot, 1943— ），法国出版商，XO出版社的创始人兼总裁。

自我的人。"我同样还猜测到,他并不太善于谈论跟自己多少有些关系的人与事。

为了宣传作品,他做了电视快餐式的促销。他似乎发现了,记者们根本就不听他对他们所提问题的回答,也不给他时间做出条理清晰的回答,他们寻找的是热闹,是冲突。他对此十分恼火:"有些人真是无能!"我纠正他说:"不,他们只是在他们的时代中。只是,这样反而更糟。"

V的评论很尖刻,她是我的一位女性朋友。然而,在看过他的一次电视露面之后,她就不那么厌恶他了。"他的表达方式显示出,他颇有些狂妄。对待别人时,你不能带着这样的高傲态度。而且,他还不使用别人能听懂的词汇。假如他想吃得开,那他就该好好改一改。"

十一月底。弗朗索瓦·菲永赢了右派的提名初选。这一结果为埃马纽埃尔·马开辟了一片中间地带,他可以寄希望于接纳因朱佩的落选而留下的孤儿们——那些迷失了方向的民主与独立派联盟,还有那些群龙无首的民主运动派。这会帮助他招来左派选民,他们到时候将会选择一种有效投票,以便与右派做斗争,而不是一个信誉丧尽的总统(奥朗德),也不是一个喜爱大喊大叫,对菲德尔·卡斯特罗念念不忘的人（梅朗雄）。这尤其会让他赢得一种身份，几乎就是进步派领袖，既然那位菲永代表的是保守派。此外，党派提名初选第二轮投票的当晚，他就上了法国电视二台。而就在直播前的几分钟，他对我说："我要将自己定位成进步派的发起人与召集人。"我对他说："别忘记你左边的那些人——小公务员们、职位不稳定者、低收入者，他们将会是菲永主义的第一批受害者。"我觉得他精神很放松，心情很愉悦，面貌焕然一新，这让我颇有些惊讶，因为挑战毕竟还是很大的。而十分钟之后，当他开始说话时，他又变得聚精会神，头脑清晰，具有战斗性，完全成了另外一个人。这得益于他那取之不尽的演员才华，还是他那理智与从容并存的头脑？

我十分清楚其中的转变。他是一个研究对象，跟这样一个对象在一起，我总觉得应该保持研究工作中所必需的距离，因此，我会给他一些建议，以引导他的竞选活动（他却什么都不问我）。除此之外，我们对彼此的情感在这一奇特的历险中渐深，总之，这很正常，毕竟，它已经超越了普通状态，但它依然在加重我的主观性。

相反，如果说，确实还存在那么一位渴望带着客观且锐利的眼光来观察的人,那恐怕就是记者阿兰·迪阿梅尔[1]了。半个世纪以来,他见识过种种竞选活动,也见过不同的总统。他对埃马纽埃尔·马的判断,如同往常那样,很是中肯贴切:"我们必须把他的媒体空间跟他的政治空间及竞选空间区别开来。"然后,这位政治学专家开玩笑说:"他的优势是有人为他提供思想,而他的劣势是人们不太知道究竟是些什么思想。"最后,他想象了接下来的情况:"他会成为舍韦内芒或者贝鲁,起点很高,势头很强劲,然后摔个彻底,就像舍韦内芒在二〇〇二年那样。或者,差点就能入围第二轮,就像贝鲁在二〇〇七年那样。"然而,在他的分析中有一样东西让我感觉别扭:同所有其他人一样,迪阿梅尔只是通过类比来说理——他从来都不认为埃马纽埃尔·马能够成为史无前例的人。

而此次竞选活动并不同于以往——至少在眼下是这样。你得跟在母牛的屁股后面,你得假装不拘客套地跟人们分享肉肠与红酒,你得在集市中跟人们握手,你得上擂台打擂,你得努力摆出某种自然潇洒的模样,你得在那些节庆大厅中召集大会,还有,在电视上的露面得庄重。从此,你得寄希望于社交网络,你得求助于软件,你得躺在沙发床上吐露隐情,你得让天顶大厅那样的会议场所座无

---

[1] 阿兰·迪阿梅尔(Alain Duhamel, 1940—),法国记者,政治评论员。

虚位，你得听取一个教练的建议，你得锁定交往。这一遗憾兴许就是一个信号，表明我已经老了。

十二月

接着就来了一记晴天霹雳，这便是十二月一日二十点钟的电视直播：弗朗索瓦·奥朗德宣布放弃竞选总统。半小时之后，我找到了埃马纽埃尔·马。他的目光呆滞无神，整个人大受震撼。我很快就明白，他的反应不是政治上的。他还没来得及问自己，这一新闻对他而言究竟是好消息还是坏消息，曼纽瓦尔·瓦尔斯迫切地参与竞选究竟是为他开拓了额外的空间，还是正相反，挤压了他的生存空间。不，他的反应是情感上的。他想到了那个宣布放弃的人，那个他整整四年间频繁接触、如此熟悉的人。他赞扬了那个人的正直、清醒、勇气，但他也比其他人都更透彻地猜到了对方内心的伤痕源自如此让位的羞辱感。他说："我听到了颤抖的嗓音，我感觉到这需要他多大的勇气。"他并没有就此话题倾诉衷情，他只是明确说，他会再去找总统谈谈，这"从此有了可能"。似乎他对他们的会谈既抱有希望，又有所害怕。我担保他什么都不会透露。但是我可以证实，在他表面坚硬的盔甲底下，隐藏着——我们不妨这样说吧——一个很善感的人。

（后来，奥朗德似乎承认了，埃马纽埃尔·马的候选人资格对他而言就是"额外的那一匕首"，而激动之情也同样来源于此吗？）

布丽吉特也一样，看起来有些窘迫。但这更多的是因她丈夫的烦乱而起。她知道，他与总统交过手，这是他们两个人之间的事。在这个十二月一日的夜晚，她依然被排除在外。

就这样，在短短的十天时间里，仅仅十天，近三十年里法兰西政治生活的三大支柱都被推到局外：尼古拉·萨科齐、阿兰·朱佩与弗朗索瓦·奥朗德。这一小小的震荡激起了两种评论：难道要说，人们对革新的强烈渴望，在这个过程中也荡涤着一切吗？而确定无疑的是，在这次竞选活动中，没有任何事将如预料的那样发生。

在消息宣布的第二天，布丽吉特就以其一贯的直率，在电话中指出了这一点："听着，瓦尔斯，他，他让我感到害怕。"我猜想，她的害怕并不只是选举方面的。

此外，在一次竞选中，暴力会上升到什么程度呢？恐吓会表现到何等程度呢？是不是存在暗箱操作，有人专门散布谣言，在报刊上披露竞争对手的一些令人难堪的小秘密？是不是有打手走卒，专门干一些卑鄙下流的脏活？我倒是愿意相信，这一切都是某种幻想。

然而，有一种怀疑是始终存在的，而布丽吉特·马的害怕则让人不由自主地认同了这一怀疑。

暴力，的确是有的，暴力及暴力的话语：不少评论人把现任总统退出连任竞选归咎于总理，甚至还说到了什么象征意义上的"谋杀"。埃马纽埃尔·马被人讽刺为布鲁图，他也因此就坡下驴，把所谓"背叛"的罪名推给了备受指责的瓦尔斯。而为了描绘瓦尔斯（他第二天就宣布参加总统竞选），他用了一个可怕的形象——"一个卧着的射手"。很可疑，却又很有效。

附带的问题。

假如人们认为，任何一种政治运动都会力求通过谎言的积累或者——更狡猾地——通过对真相的断章取义，通过系统地歪曲对手的思想与工作，塑造出一个诱人的自我形象，那么，埃马纽埃尔·马准备在这条路上走多远呢？他是否会变得残酷无情，令人匪夷所思呢？

另外，如果没有数百万欧元的资金投入，那就没有任何运动能够获胜（在法国，受选举法的规定所限，这个数目会被大致控制在两千两百万欧元）。埃马纽埃尔·马是不是有足够的经费来源呢？赞助人是不是会足够慷慨大方？银行是不是会乐意出钱？（此外，他当时正在纽约做一次筹款活动。他的"战备基金"数量增加到了四百万。很令人鼓舞，但显然还很不够。）

任何竞选活动都一样，要求有一个身经百战、非常职业、机灵精明的领导者，还要有一个随时准备为头领去牺牲的团队。而眼下，埃马纽埃尔·马并不拥有这些。他的联络官不是太笨的人，他的"前进者们"热情洋溢，但这一切依然透着即兴表演的味道。

而尤其是，他的对手，无论是菲永还是瓦尔斯，都是不缺金钱的（那可是政党的钱），团队也是建好了的，斗士们也准备好投入战斗了。而"新来的小家伙"就必须迅速提高他的游戏水平。

说到底，他又能依靠谁呢？他又能指望谁呢？他只有那么一小撮人马。

首先，是里夏尔·费朗[1]（五十四岁），前进运动的领导，一个温厚的布列塔尼人[2]。他当过记者，很有政治头脑，有着士兵般的忠诚，同时有着排雷专家的那种灵巧。他话很少，但做事常常恰如其分。

其次，是一个二十九岁的家伙。《解放报》描述他"在厚厚的近视眼镜片后面，显出一副大学生的呆滞模样"。而《世界报》这样补充说："精明的战略家，审慎的联络官。"他叫伊斯马埃尔·埃

---

1 里夏尔·费朗（Richard Ferrand, 1962— ），法国政治家，共和国前进运动总书记，2018 年起担任国民议会议长。
2 法国西北部的少数民族。

姆连[1]，是格勒诺布尔[2]人，巴黎政治学院的毕业生，后在哈瓦斯通讯社工作，他从二〇〇九年起就认识了埃马纽埃尔·马。他成了马克龙的陪练伙伴和幕后顾问。他瞄准了要启动一种竞选策略，为的是让他的候选人尽可能地贴近法国人的期望。他的品质：直率与谨慎。他的特殊记号：耳朵里总是塞着一个苹果耳机（他听得见我们说话吗？）。

还能找到一个巴黎政治学院和巴黎高等商业研究学院（HEC Paris）的毕业生。他原来是多米尼克·斯特劳斯－卡恩[3]的顾问，曾任索恩－卢瓦尔省参议会议员，负责过一个房地产集团的沟通交流工作。他成了共和国前进运动的代言人，他叫邦雅曼·格里沃[4]，三十八岁。他将成为一个优秀的狙击手。他能挂着一丝微笑展开谋杀行动。

我还看到了于连·德诺尔芒迪，一个桥梁、水利兼森林工程师。他展现的是一种毋庸置疑的组织者才华。他三十六岁，看起

---

[1] 伊斯马埃尔·埃姆连（Ismaël Émelien, 1987— ），法国政治家。他是共和国前进运动的联合创始人，马克龙的顾问。
[2] 法国东南部的一个城市。
[3] 多米尼克·斯特劳斯-卡恩（Dominique Strauss-Kahn, 1949— ），法国经济学家、律师、政治家，曾任法国财政部部长、国际货币基金组织总裁。2011年曾因"性侵"丑闻被起诉，后被迫辞去国际货币基金组织总裁一职，并在法国总统竞选活动中落败。2015年，因缺乏相关证据，在"淫媒案"中被判无罪。
[4] 邦雅曼·格里沃（Benjamin-Blaise Griveaux, 1977— ），法国政治家，法国国民议会议员。他是共和国前进运动的发言人，是马克龙最亲密的政治盟友之一。

来还要年轻十岁。以他那绅士般的冷漠与英格兰式的幽默，人们会以为他是从牛津学府出来的，或者是从电影《同窗之爱》[1]中走出来的。

我们还得再加上西尔万·福尔（四十四岁），此人在前文中已有所提及。从巴黎高师毕业后，他在巴黎大学的索邦学院教书，为一些政治家写过演讲稿，还在罗马当过银行家。他很喜爱古典音乐（在他看来，音乐能让风俗变得温和），创建了一个通讯社。他本人很有魅力，很像个没什么经验的新手。偶尔，也会展露出血气方刚的样子。

最后，还有茜贝特·恩迪亚[2]（三十七岁），这帮人中唯一的女性。她原籍塞内加尔，二〇一六年入法国籍。法国学生全国联盟（UNEF）的老积极分子。她主管媒体联络工作。这个小个子女人不会太轻信人言。别把她简单地理解为表面上乐呵呵的模样，她什么都不会轻易放过，她充当的是候选人的耳朵的角色。

我差点忘记了，还有一个人们永远都看不见的人，但是候选人

1《同窗之爱》（*Another Country*）是一部英国电影（1984），由马里克·康尼艾夫斯卡执导，剧本改编自朱利安·米契尔的一套同名舞台剧，主角盖伊·本内特影射"剑桥五杰"之一的盖伊·伯吉斯，故事围绕着盖伊20世纪30年代在学校的寄宿生活展开。
2 茜贝特·恩迪亚（Sibeth Ndiaye, 1979— ），塞内加尔裔的法国女政治家，在2017年法国总统大选期间，她负责马克龙的新闻联络工作，并在马克龙当选总统后进入他的总统班子。

每天都会通过电话或短信咨询他：这就是亚历克西斯·科勒[1]，四十四岁。他毕业于国家行政学院，是候选人当初在财政部时的办公室主任。据我所听到的传言，他是候选人的"智力双胞胎"（那些喃喃传言全都有鼻子有眼的，且不无恭敬的色彩）。一个颇有影响力的幽灵人物。

这一切未免有些轻飘飘的，有些"无根基"，但是，弗朗索瓦·密特朗不是有过理论说，一次胜利往往是由一帮意志坚定的人成就的吗？

埃马纽埃尔·马似乎也希望抵制那些对认为还太青涩的批评，他投身于一场真正展示强大力量的运动。十二月的一个星期六下午，在巴黎凡尔赛门的展览中心公园，聚集了一万多名支持者。必须承认，对一个才建立不久、缺乏实践经验的组织来说，这真是一次壮举。要知道，他根本没有用那些传统的办法：租用大轿车、火车包厢来运人，让整个会议大厅坐满人。那些来开会的人，都是自愿来的。他们下定了决心，都是自掏腰包承担旅费。他们希望能支持他们的候选人，相信他会取得胜利。（这是集体的幻觉，还是大势所趋？未来将会对此做出回答。）可以得出三个结论：首先，一股浪潮正在兴起（它的规模有多大？它将变成滚滚而来的巨浪，还是可悲

---

[1] 亚历克西斯·科勒（Alexis Kohler, 1972— ），法国政治家，曾任爱丽舍宫总统办公室的秘书长。

地死去?);其次,社交网络正扮演着并将继续扮演一个重要角色,动员是通过它发动起来的;最后,那些在幕后勤奋工作的积极分子,那些热情洋溢的"前进者",那些看不见的加油者,最后会成为一个令人生畏的庞大舰队。

那些主题从根本上得到了反复的锤炼:埃马纽埃尔·马希望成为"代表工作的候选人"、"代表购买力的候选人"和"保护法兰西人的候选人"。瞧瞧,完全是尼古拉·萨科齐在二〇〇七年所阐述的那一套,他居然还取得了不错的成绩……两者之间存在差别(规模上的):声称是进步主义者的那位补充了对欧盟的有力辩护词。这就叫作神圣的冒险,因为人们知道,那些选民,在他们所选之人的激励下,会让欧盟来承担他们所有的恶。很显然,这个小伙子喜欢打擦边球。

从形式上来看,演讲太冗长,迷失在种种无用的离题话中,但语言最终还是为适应公众做了调整,还是明白易懂的。候选人释放出一股疯狂的能量,他善于鼓舞群众,似乎着了魔,但他只玩弄力量调节闸,而当他的嗓音破裂、胳膊张开、眼睛凝视着天空时,那确实"太过了"。人们想要一个历险者,但肯定不需要一个幻觉者,一个神志恍惚者。

贝尔纳·巴罗,我的编辑,则做了一个航海方面的比喻:"假如我通过形象与评论来判断,那么我可以说,他走出凡尔赛门的展览中心,就像另一些人辉煌地穿越比斯开湾。左派初选预料中的惨败应该能让他通过好望角。之后,那就是南纬四十度的咆哮西风带了。"

曼纽埃尔·瓦尔斯,在最终认定对手比他以为的还要更难对付之后,就将自己的想法遍撒于所有报刊。他传达的信息是:我的候选人资格是一次反抗。相较之下,这一说法倒是不错的,因为人们知道,埃马纽埃尔·马把他的候选人资格变成了一次"革命"。要玩游戏吗,这位前总理?

他知难而进,迎头赶上:到明天,他还得与特朗普、普京、埃尔多安[1]等人打交道呢。他认为自己能有那样的气度,他让人们明白,如今的情况可绝不是埃马纽埃尔·马的常态。投枪瞄得很准。值得一问的是:我们的主人公有没有才能?究竟是不是这块料?美国人发明了一个很完美的表达:Does he have what it takes? 人们把这句话不完整地翻译为:"他有没有该有的?"我说"不完整地",是因为这里头缺少"好小子有种"的意味。埃马纽埃尔·马对此提出异议,他说,从来没有任何人在人们把他抬上位子之前天生就能当总统(总之,是位子造就了人)。他还补充说,气度是由选举所赋予的。是不是稍有不足呢?

---

[1] 雷杰普·埃尔多安(Recep Erdogan,1954—),土耳其政治家,正义与发展党领袖,曾连任土耳其总理,后任土耳其总统。

社会党也一样，它也开始猛烈攻击。在邀请他参与左派党派的提名初选并被他拒绝之后，那些负责人也采取了更为强硬的态度，威胁着要取消议会选举中所有候选人的正式提名资格，只要他们支持这个蛮横无理、难以捉摸的叛逆者。如此的要挟是粗暴、陈旧的，但在一个人人都寻求保住自己位子的共和国里，在人们只希望尽量减少个人损失而行动的黑暗阶段中，它还是行得通的。埃马纽埃尔·马的反驳没有人愿意听："逐出教门和开除教籍在政治上从来不是什么好办法。"而且要说清楚的是，他并不怎么在乎这一威胁，反而进一步强调："社会党的当务之急应该是好好组织提名初选，而不是瞎忙活。"简而言之，每个人都在展示自己的实力。但是，我们究竟是在一个消遣的娱乐场中，还是在一个苦战的角斗场中呢？

真相是，圣诞节假期即将来临时，一切都围绕着他转。其他人则根据与他的关系各就各位，纷纷加强攻势，或上电视，或上广播，评论他行为举止的细枝末节。各种媒体，或严肃，或嘲讽，反复传播他在巴黎群众大会上最终迸发的情景，人们把他比作电影《华尔街之狼》中莱昂纳多·迪卡普里奥主演的自大狂形象。民意调查显示出一种有利于他的投票意愿新增长趋势（据一份研究报告称，他的支持率甚至达到了百分之十八）。这真是他的时刻。然而，所谓的"时刻"也有其问题,通常来说,它们不会持续很长久。

尽管如此,到那时为止,他总是让人们的全部预测都失效。人们曾声称,他不会有勇气放弃他那份部长的工作,可是他放弃了;人们曾认为,他不敢出来竞选总统,可是他出来了;人们曾预料,肥皂泡会在他的周围迅速破裂,可实际情况并不是如此。要想保持在高位,他必须继续紧紧抓住全体选民。他相信自己能做到这一点。

那么,守候着他的命运之神,会不会让他被荣耀冲昏了头脑呢?眼下这一位,四年前还默默无闻,一年前还遭人羞辱(以至于带有他名字的法令[1]不得不在夹缝中进行投票),而如今他独霸了画报、杂志的封面,聚集了广大听众,积累了众多支持者,所到之处都能吸引大批的人群,并最终看到了总统之命在向他招手:人们见识过,有的人因为比这更小的成就而飘飘然。在他与人们的实际关系中,我偶尔会看到这种飘飘然的可能信号。我感觉他有些陶醉于自己的名望。我想象他被一种即将拥有的非凡命运的愿景弄得心神疲惫。他的智慧与清醒能不能让他保护自己的翅膀不被烧坏呢?人能很轻

---

[1] 所谓的"马克龙法",指当时的经济、工业和数字事务部部长马克龙代表政府提出的"促进经济发展、活动与经济机会的平等法",于2015年8月6日在国民议会通过,作为政府的第2015-990号法令。

易地变成伊卡洛斯[1]。

就在圣诞节之前,他专门去了一趟瓜德罗普。索亚茜[2],一位紧随他左右、眼光独特、训练有素的女摄影师,对我讲述道:"我们刚刚坐了十小时的飞机,好不烦人,而人们猛地就把我抛到了一种'chanté nwèl'[3]中。我们置身于密集的人群中,我开路走在前头,人们看到埃马纽埃尔,就朝他猛扑过去。我急忙转身。人们想触摸他,跟他一起跳舞。我心里有些不安,在想他会做何反应。我对政治家们的言行举止很熟悉,原以为他会谢绝,或者假意应付一下。但是,恰恰就在这一刻,面具落下了。恰恰就在这一刻——说起来可能颇有些怪异,但我看到了——埃马纽埃尔变成了埃马纽埃尔·马克龙总统。他的眼睛闪闪发亮,他紧紧抓住伸过来的一双双手,开始跳起舞来,自由、轻盈、信心满满。我知道,这一下子就不可逆转地改变了我给他拍照的方式。"

与此同时,在巴黎,布丽吉特正在阅读《别对我说谎》。那是我将于一月份出版的小说,叙述了一段不被世俗认可的爱情故事。她

---

1 希腊神话中代达罗斯的儿子,与代达罗斯一起用蜡和羽毛造了翅膀,像鸟一样飞行,逃离了被囚禁的克里特岛,因飞得太高,他双翼上的蜡被阳光熔化,因而从空中跌落到海里丧生。
2 索亚茜(Soazig de La Moissonnière, 1981—),法国女摄影师。
3 这是法国的土语,意为"圣诞之歌"。

刚读完，就马上对我说："关键词是'毁形'。作品说的就是这个。你让我体会到了我的特质不符合社会规范时所面临的那种困难。从某种程度上说，我是经历过的，而埃马纽埃尔是一个绕不过去的证据，是一种关键的力量。你的语言确切、尖锐，但别无其他的表达方式了。"

她让我想起他们原先如何被放逐，他们的孤独，她说到了救赎之爱。谁又会不懂得，这一点能解释他们的一部分行为？

她像刚刚跌下楼梯那样茫然若失，问了我那本写她丈夫的书的主题究竟是什么。我避而不答："是一本小说，既然你丈夫那么具有传奇色彩。"她纠正我说："有传奇色彩，而且浪漫。"

然而，他将不会显示他个性的这一面，他对我肯定地说。尽管卡琳·勒马尔尚几经邀请，他依然坚持拒绝向她坦露心声："那是表演。我可以讲述我的生平，但我不愿意把它搬上舞台。而我对自己的内心隐私没有任何神经质的想法，因此，我对一个女人实在没有什么可坦露的，更何况，这还是一个很迷人的女人，在沙发上双腿交叉然后又打开，不断扭来扭去。最后，权力需要一种隐晦的不透明性。"

他的选择给他带来了安慰,因为他在辉煌中结束了二〇一六年。他被人们认定为"法国人最喜爱的政治名人"。大部分受访者认为,比起弗朗索瓦·菲永,他将是"一个更好的总统"。他的起飞似乎已经成功。现在,就应该维持"飞行模式",这是他本人在整整四个月中得出的抽象结论。喷气式发动机够不够强劲有力呢?它是不是有足够的燃料呢?答案将在二〇一七年揭晓。

一月

我们是一起开始迎接这新的一年的。我发现他跟当初我离开他时一样,意志坚定,乐观中充满了理性。但是,首先,他并没有谈到政治,而是提及从圣诞节到新年那几天,布丽吉特陪伴他在里斯本度过的时光。他喜爱在石砌的街道上漫步,从山上走下来,上一辆有轨电车,沿着塔霍河灰色的河水溜达。他还喜爱那座城市散发的温和的忧伤氛围,他从中嗅闻出艺术家的存在,他肯定地认为,这里的艺术气氛要比其他地方更浓,"并不仅仅是因为佩索阿在一道道墙上的存在"。然而,政治也从不会太遥远:"这个国家曾经经历过辉煌,却已然失去。"

于是我们进入正题。我询问了他对自己名望的看法。他做了分析,并没有太喜悦,而是很冷静,仿佛在说着另一个人:"对这一名望，我看得很清楚。问题是，这能转化为投票意愿吗？即便它会代谢转化，也不一定就意味着已成定局。选民总是存在着很大的不稳定性。每个时刻都很重要，每个细节都很关键，所有的小信号都事关生死。我常常想到小说《红与黑》中主人公于连·索雷尔的这句话：在修道院里，一个人吃煮鸡蛋的方式，预示了他在神修生活中的前景。最小的细节也是意义重大的。"

他希望能在一月底之前实现几方面的突破。"我已经排在第三位了，这很好。但现在必须尽量缩短差距。可以相信，我们有能力进入第二轮。"

我问他会使用什么方法来达到这一目的。对此，他依然展现出毫不犹豫、明确无疑的态度。"首先，我选择好了我的竞选活动的领导者。他不会是一个政治家，因为那样就会把我关得很死。我也不想要一个行政长官，因为那样一来，他在实行必要的冒险时就会缩手缩脚。我选择的不是某个特定类型的人，以求能让所有人和平共处，他还应该相当年轻，珍视勇敢大胆的价值。"排除种种糟糕的办法，是不是就等于在选一个好的办法呢？

见我指责他有某种类似于族内婚姻的倾向，即在自己的体系内寻求配合，他便反驳道："你错了，我的组织阵营无疑是最为代际化的。里头确实有很多年轻人，是的，还有很多有文凭的人。是的，我承认，当年，帝国的元帅也都很年轻，并且都不是农民，他们都进过军校。而且，这也并不能打消我们把农民变成龙骑兵的愿望。"

如同往常那样,他早早地预料到了各种异议。同样,如同往常那样,他也早早地准备好了如何回应那些异议。始终有所防备,始终先发制人,这就是他智力的构成方式,在众多事情上皆是如此。令人惊诧不已,而且具有挑逗性。

他继续道:"而且,还有金钱。到十二月三十一日为止,我已募集到五百万欧元。这已经超过了我的目标。菲永的胜利并没有减缓募集的速度。这样,从银行借到九百万将会很容易。这已经不再是个问题了。"

除了这一点之外,假如到最后他所赢得的票数低于百分之五,那么,他还得还上九百万的欠款。"我已经冒了险。"他松了一口气说,却并没有因此而充好汉。

我提请他注意,他的某些竞争对手让他公布他的捐赠人名单,意指他已经被一些大腕所掌控,而那些人物则期待他一旦入主爱丽舍宫就对投资给予回报。他听了很不舒服,冷冰冰地回答:"他们知道吗?那些要求公布名单的人知道这样做是不合法的吗?"他还补充说:"我欢迎那些希望公布他们捐赠人身份的人。剩下的就跟我没有丝毫关系了。"

对于他的那些左派对手,早在党派提名的初选中就已介入的那些人，他是怎么看的呢？他直截了当地说："佩永[1]吗？从某种程度上来说，他是两极的。假如他被指定，他就会举起火炬出发。阿蒙[2]吗？他没有那种精神、节奏和做派。瓦尔斯吗？由于他在取消《宪法》第四十九条第三款问题上的大转变，他朝自己的脚上开了一枪。[3]有鉴于此，我深表怀疑，因为他是唯一的活动家，而他不是个和蔼的人。"

对于竞选活动，他又是如何感受的呢？"热情奔放，紧张纷乱，慷慨大方，它让人活力四射，但也很消耗精力，人们不能因此丰富自身，你意识到自己再也没有时间像该有的那样倾听人们的意见。"在他的头脑中，他是不是计算过走过的行程，经过却无暇顾及的风景，握过的手，给过的亲吻，刻意摆过的姿势，重复过的话语？他是不是承认，这一切都有些混淆在一起了，很多将会变得模糊不清了？他是不是已经明白，有计划、有纲领地加快节奏将使混乱情况加重，而一味成倍地增加会见次数，到头来只会使人们几乎什么都记不住？

他是不是想象过能获胜？他说得很干脆："我没有想象过自

---

[1] 樊尚·佩永（Vincent Peillon, 1960—　），法国政治家、哲学教授、社会党人。曾任教育部部长、欧洲议会议员，2017年参与总统竞选的提名初选。
[2] 贝诺瓦·阿蒙（Benoît Hamon, 1967—　），法国政治家，社会党人，曾任教育部部长。他于2017年1月29日赢得社会党的总统参选人提名，但在第一轮投票中就被淘汰。
[3] 指瓦尔斯在宣布竞选总统之前提议取消《宪法》第四十九条第三款，而《宪法》的这一条款可使总理在国民议会就某条法律押上其责任。

己落败的情景。我设想过自己在爱丽舍宫的画面。而且，恰恰是因为我设想过这样的画面，我才小心地避免做出我可能无力履行的承诺。奥朗德当年就没有设想过这样的画面。他喜爱政治。他当时最想要的，就是赢得竞选。而我，我不喜爱政治。我喜爱做实事。"

（既然他提及奥朗德，我就问他，自十二月一日奥朗德做出那次历史性的放弃以来，他们之间有没有交谈过。听了我的话，他的表达变了样。我第一次感到他有些不自在。他最后终于松了口："我们互发了短信。他对我说，他希望自己的退出能有点用。"他停顿了好几秒钟，陷入一阵沉默，似乎在思考，最后又说："奥朗德制造了自己的失败：他落到了那些背后说坏话的小人、耍阴谋诡计的人手中。"）

而他又会是个怎样的总统呢？"人们期待的并不是一个正常的总统，而是一个真诚的、始终如一的、称职的总统。最最困难的是，要以当代的方式去执行总统的职能。这是一种生存方式，是无法通过发号施令来实现的。但这同样是不寻常的。自希拉克以来，我们的总统职位就陷入一种奇闻趣事化中，必须跟记者们保持一定距离，避免被评头论足，避免即时做出反应，必须掉头，换个方向，具有历史性和前瞻性。这同时也是一种慷慨，必须为人民寻找到一种直接而无中介的参与方式，这就可能要求，比如说，不把自己的整个日程完全公开。"

我再回到他的气度这一问题上来:"你能想象自己面对特朗普和普京吗?"他再次手背朝我挥了挥:"我将拥有民主的合法性,说完了。"然后,他就准备发表关于对外政策的意见了:"法国出现在行动的戏剧舞台上。它处在斗争之中,这将持续很长时间。左派成了它的人权主义的俘虏,它有宗旨,却无手段。这就造成了叙利亚的现状,这是苏伊士运河事件以来最大的外交灾难。而在右派方面,有一些俾斯麦的信徒,他们对整个欧洲的前景毫无判断。我们这样不会走得太远。而我,我将会提出一些简单的问题:我的利益是什么?我的盟军又在哪里?"

还有恐怖主义呢?"我已经说过,我是不会让恐怖主义者来操纵我的工作日程的。当萨迪·卡诺[1]总统一八九四年被刺杀时,在国民议会中,议员们齐声高呼:'我们继续讨论黄油的问题!'大家照常议事。"

我还是再回到总统竞选活动上来,回到他所遭受的打击上来。我需要知道他是如何接受攻击的。"当我受到攻击时,我就以牙还牙。我会试一试,但我更喜欢一种绝对的决心,而不是暴力。必须按照击剑的规则来游戏。这里有一些攻击是被准许的,而另外一些则不被准许。"

---

[1] 全名为玛利·弗朗索瓦·萨迪·卡诺(Marie François Sadi Carnot, 1837—1894),法国工程师出身的政治家,1887 年当选为法兰西第三共和国的第四任总统。1894 年被一个意大利无政府主义者刺杀。

这是不是意味着，他在这一斗争中还没有做好一切准备？他的回答清晰而干脆："我们并不是非得变得暴烈，或者不顾廉耻。没有荣耀，就不成其为命运。"

于是，他向我展示了他的运作模式："我的优势在于，人们能感受到真诚、行动的意愿、礼貌谦恭和正直。其基本的原则，就是人们在游戏中永远不应该与自己的优势背道而驰。必须坚守自己的路线，不妥协，不转投别人的路线，绝不做任何让步，不寻求任何相似路线。"我在问自己：这就足够了吗？在这一立场中，难道就没有一种伟大的天真吗？

在我们分手告别之前，我们谈到了布丽吉特。这是一次私下的对话，但我还是不由自主地把它拉到政治层面上来：对于布丽吉特，有人指责她对他施加了太大的影响，有人则指责她语调上（当然还有其他方面）的自由度太大。对于他，她到底是一张王牌，还是一个短板？他端详了我一番后说："我可绝不是这样理解的。我拒绝认为这是一个政治话题。布丽吉特，就是我。而我，就是她。就是这样。我生活的信条之一就是，绝不按照别人的眼色行事。整整十年间我一直是个被排斥的贱民，我从来就没有偏离过。我是不会要求布丽吉特去改变的。我会保护她，就是这样，这也很正常。"

第二天，我把这次谈话的情况告诉了我的出版人，他则表示了惊讶："异乎寻常的是，他的决心最终会落马坠地。就如某个声称要穿着绳底帆布鞋攀登勃朗峰的家伙。他无法做到，但他豪情万丈，使人还以为他最终必能成功。"

就在一月初，《新观察家》周刊再次把他搬上封面（以确保销售纪录），以另一种方式提出了问题："是政治神童，还是自我陶醉的那喀索斯[1]？"

法国人总是为他的魅力所倾倒。恰如他所希望的那样（恰如他所谋划的那样？），他一点一点地赢得选民的投票意向。现在，他的得分稳定在百分之十六到百分之二十之间，这就将他置于一种四面受伏的状态。有一种结构组态分析（其中，蒙特堡是社会党的候选人，而贝鲁则并没有出现）甚至还认定他能入围第二轮选举。我却深表怀疑，因为截止的日子依然很遥远：政治生活中的三个月，几乎就是永恒。更何况，人们一再对我们说，对所谓的民意调查最好还是保持谨慎，它们常常是自欺欺人的，它们预测英国脱欧公投会失败，预测希拉里·克林顿会获胜，预测阿兰·朱佩会成功赢得右派党派的提名初选。

然而，还有另一层有意思的提示，那就是群众大会的人流。瓦尔斯及其随从往往很难召集起二百多人来开会，甚至在那些左派得势的城市中都很难做到。而埃马纽埃尔·马却能轻而易举地把会场

---

[1] 希腊神话中自恋的美少年。

填满:在讷韦尔——弗朗索瓦·密特朗的城市,就来了一千多个支持者("这在涅夫勒省是创纪录的。"那位无党派人士市长这样确认说)。在克莱蒙费朗,则有两千五百人("一股浪潮涌起。"年轻的傲慢者如此声称)。在里尔,五千人拥挤在一座天顶体育馆的大厅中,几乎要爆满("这个梦可不是一种疯狂")。还有,在坎佩尔,来了两千两百人("我们是一种汇流运动")。

一下子,他的每一个动作都被人们更仔细地观察,他的每一句话语都被人们分外地掂量。确切地说,在讷莱米讷所做的一次宣告掀起了一场论战。埃马纽埃尔·马提出:"酗酒和吸烟的习俗已经慢慢地在矿业地区形成风气了。"斯蒂夫·布里瓦[1],这位属于国民阵线党派的埃南博蒙市市长,马上就出现在电视节目中:"马克龙带着他那一副巴黎银行家傲慢自大的派头,侮辱了这里的所有居民。他应该道歉,而且越快越好。"另一些人则紧随他的脚步,为这位宠儿最终兴许还会踉跄跌倒幸灾乐祸:"在马克龙看来,法国人都是一些文盲或者酒鬼。"(尼古拉·杜邦-艾尼昂,人们一度没有他的消息。)"在侮辱了布列塔尼的文盲之后,银行家马克龙还侮辱了北方省大量的饮酒人士。这就是一个自命不凡

---

[1] 斯蒂夫·布里瓦(Steeve Briois, 1972—),法国政治家,2017年是国民阵线的临时领导人。

的人，但根本没必要！"（杰拉尔德·达尔马宁[1]刚刚从他心中的最爱——尼古拉·萨科齐——的失败中恢复过来，成了在学校食堂为伊斯兰教徒的孩子提供"双份薯条"一说的忠实门徒，他在四个月之后就成了政府的部长。）这两个人都影射了马克龙二〇一四年关于嘉德企业中所谓文盲女工的那番宣称。但是，最猛烈的攻击还得算到让-吕克·梅朗雄的头上（他是不是能像猎狗闻出受伤的动物那样嗅闻出危险呢？）："这个人生活在别处。他如此高高在上，以至于当他对人们说话时，就仿佛对方是仆人。埃马纽埃尔·马一个也没有漏掉，他不由自主。他来到加来海峡省，对人们说：'是的，没错，到处是抽烟和酗酒的恶习。'就只差乱伦了，加上这个，形象就算完整无缺了！"就只差当事人一再坚持并且签名了，他可不会道歉。他"对自己所说的话，一个字都不会收回"，而且，"还强调，持正统观念者的联合将会从极左走向极右"。应该说，他是有一些专家作为其智囊团的，《快报》这样提醒人们。二〇一三年，矿业地区考察团的一份前景观察研究报告的确解释道："超高的死亡率与酗酒显然密切相关，人们注意到，如果说，在北方加来海峡省，死亡率与整个法国持平的话，那么在我们这个地区，这个数字在男性中要超过百分之八十七，而在女性中则高达百分之一百三十八。"国家人口研究所则在二〇一三

---

[1] 杰拉尔德·达尔马宁（Gérald Darmanin, 1982— ），法国政治家，国民议会议员，曾任政府的公共事务部部长。

年强调,在这一区域中,"人们发现个人行为习惯(尤其是抽烟与酗酒)在死亡率方面扮演着部分重要角色"。至此,应该提出的问题将是这样的:在选民心中,到底什么最重要?是一种社会歧视呢,还是直面现实的勇气?

同一天,埃马纽埃尔·马去了埃南博蒙的一个食品批发中心,想在那里会见当地的十几个生产商。整整一个小时中,他每在一个摊位前停下来,就会提些问题,并倾听对方解释相关产品的起源、企业结构等情况。然后,在接下来的一个小时中,他为那些最优秀的生产商颁发劳动勋章。在他离开的那一刻,两个记者突然上前去采访,其中一个为诺瓦电台工作,另一个则是《世界报》的特约通讯员。他们递上话筒问道:"我们看到,您对当地的生产商很感兴趣,我们感觉,您很仔细地倾听他们的介绍。但是,这是真情流露吗?"候选人干脆利落地回答道:"接触人们是竞选活动中愉悦的部分,假如我不喜欢那样做,那所有人马上就会感觉到。"《世界报》的那位女记者显然没有被说服,坚持问道:"但您是真心喜欢吗?您这些会见是认真的吗?比如说,刚才杜朗太太对您说了些什么呢?"埃马纽埃尔·马一刻都没有犹豫,马上说:"杜朗太太吗?就是经销北佬金啤酒的那位女士吗?她跟我说,她雇了十五个工人,她的企业——当我说'集团'时,她还纠正了我一下——从二〇〇九年起就存在了,她刚刚出品了一种声誉很好的精酿酒,不过我还没来得及品尝。"《世界报》的女记者没有掩饰她的惊讶："啊！这么说来，您真的在倾听他们！因为，这毕竟已经是两个小时之前的事了！"在她第二天发表的文章中，她应该不会提及这一番交流。

我跟前进运动的发言人邦雅曼·格里沃（毋庸置疑，此人既聪明又雄辩）有过一次长时间谈话。我问他，什么会让埃马纽埃尔·马获胜，而什么又会让他失败。他说得很明白："去年秋天，我们到处去倾听法国人的心声，我们所听到的一切，实际上可以归结为一句话：'我们的生活受到了阻碍。'假如埃马纽埃尔能处理好这一问题，给出解答，或者，至少能向法国人保证他会全力对待这个问题，那么他就能胜出。"

一月中旬，《巴黎人报》发表了题为《马克龙，在前进中》的文章。埃马纽埃尔·马在跟我的交谈中，纠正了这一说法："是在往前走。不过，由于所有那些邪恶，会有一股退潮。但是，我们会继续向上，直到抵达顶峰。"

去年夏天，一个熟人曾不容置疑地对我说，马克龙"已经完蛋了"，如今，他却悄悄对我表达他的惊讶："我跟六个年轻人一起过新年。真的很令人抓狂：他们全要投他的票，全部。我从来没见过这样的情况。"

我打电话给布丽吉特,问她有何感受。她回答道:"当我们完成一次旅行时,我能清楚地预料到那种痴迷,但是,我并不想从中推论出什么,我实在无法把自己投射进去。我更喜欢活在当下,这对我来说更简单。"她以一种答非所问的方式结束了她的谈话:"总而言之,假如我应该写一本关于所发生之事的书,那我早已为它起好了一个书名,就叫《请对您的丈夫说……》。这个书名真的不错,对不对?"

去年十一月,阿兰·明克以一种罕见的严肃方式预测了埃马纽埃尔·马会落败,尤其认定他犯了好几大错误。此人长期以来就是尼古拉·萨科齐的亲信,那时候支持的是阿兰·朱佩。谁料想,一月二十二日,在《星期日报》上,他竟然宣布他将投埃马纽埃尔·马的票。啊,真正是叛变者的古老声音!啊,是以往的指责者甫一改宗就焕发出的一片热心!假若不为它哭,那就为它笑好了。除了这种强迫性机会主义者的特殊情况之外,在未来的日子里,人们还应该有所期待,尤其是因为,左派的最初提名并没有成功,被提名的人是阿蒙或者蒙特堡,要期待最后时刻结成联盟,期待相关的爱情宣言,期待出柜。(此外,几天以来,我发觉了一些新的"夜间来访者"。)他们将会假装长久以来都很看好他，但无法公开地明确表达，他们很愿意支持他，但受到了种种因素的阻碍。他们会担保，说他是他们的老朋友。此外，他们还会悄悄地给他提供一些秘密的建议。在群众大会上，他们将摆出神气活现的样子，安排好坐到第一排的位子上去，就在摄像机镜头的轴心上。他们看到胜利的苗头后将会迅速站队，把所有的羞愧统统咽下肚。啊，这将会是出好戏，这个假面舞会。

我就明克的话题狡猾地咨询了埃马纽埃尔·马（"他支持你，你就完了！而且，他总是有那种特别的本领，他支持谁，谁就将落败：巴拉迪尔，一九九五年；萨科齐，二〇一二年；朱佩，二〇一六年"），他则回答我："在这方面，必须从简，不浪费任何时间和精力。一、我是不是欠他们什么？不。二、我是不是应该抱怨他们的联盟？不，我寻求的是至少百分之五十的法国人的联盟。三、他们是不是成了我的朋友，他们是不是会在这条线上权衡利弊？根本不会。至于其余的，那甚至都不属于文学了。"

"总统竞选的左派党派提名选举"[1]第一轮的总结：这是一次很

---

[1] 2017年的"总统竞选的左派党派提名选举"一共两轮，分别于1月22日和29日举行。第一轮中，七位候选人共同亮相，并以这一顺序获得不同票数，其中前两名进入第二轮。而第二轮之后，贝诺瓦·阿蒙压倒了曼纽埃尔·瓦尔斯，成为左派的正式竞选人。

平庸的竞选，而且，还颇为可疑，两个彼此不可调和的左派候选人进入决选，胜利的希望留给了候选人中的最激进者。很明显，众行星已经为埃马纽埃尔·马列好队伍。（在他的圈子里，盛传着一句话："让他们自己去摆脱困境吧！"有时候，最庸俗的表达反倒是最正确的。）

而机会还在继续垂青于他：现在，是菲永——这个严谨者，这个无可非议者，这个多疑者深深地陷入早已被媒体称为"佩内洛普门"的陷阱之中[1]，也就是说，在十多年内，他的妻子以议员助理的身份总共得到薪酬近一百万欧元。其中，给右派候选人带来灾难的所有因素齐集于此：一笔天文数字（而法国人不得不勒紧裤腰带过苦日子，而且，他一旦当选，人们还会被要求加倍努力）、动用公共资金（敏感的纳税人会勃然大怒）、裙带关系（真的是一幅内婚制的漫画，私人利益总是高于普遍利益），兴许还是违法行为（假如能证实，菲永的妻子真的"占据"了一个虚职）。民意调查的信任指数急剧下降。而一切都表明，她促成了两个人坐收渔翁之利：玛丽娜·勒庞和埃马纽埃尔·马。

---

[1] 指菲永的妻子佩内洛普在 1998—2012 年以助理的身份，为其当议员的丈夫"工作"，领取工资近一百万欧元，被揭露为常年"吃空饷"。

那段时间里，我正在看洛朗·吕吉埃[1]的那个电视节目《我们没有说谎》。我参加了那个节目，是两天之前录制的。这时，正当节目的特邀政治家来宾拉玛·亚德[2]在电视上侃侃而谈时，他给我发来了短信，对该节目评论道："我打开了电视机，正好看到拉玛·亚德。我不禁回想起维克多·雨果谈到小人拿破仑时说的话：'一座空空荡荡的纪念碑。'而当我瞧着她的时候，我看到你迷惘的目光，于是又想到我们的道路。"当他知道了我正在佛罗伦萨过周末时，我们的谈话就转向了对菲利皮诺·利皮和弗拉·安杰利科[3]的价值对比上，当时已经是深夜一点钟了。现在想起来，当时正值深更半夜，我在佛罗伦萨，跟一个三个月之后兴许是共和国总统的人东拉西扯地聊意大利文艺复兴，觉得这似乎有那么一丝不真实。

第二天，经证实，贝诺瓦·阿蒙赢得了左派的初选提名。众神就这样跟埃马纽埃尔·马走到一起了。直到什么时候呢？

---

[1] 洛朗·吕吉埃（Laurent Ruquier, 1963— ），法国广播和电视主持人，电视与戏剧制片人，也是作家、剧作家。
[2] 拉玛·亚德（Rama Yade, 1976— ），法国黑人女政治家，曾任外交和人权国务秘书、体育国务秘书、法国驻联合国教科文组织代表。
[3] 菲利皮诺·利皮（Filippino Lippi, 1457—1504），意大利文艺复兴初期画家。弗拉·安杰利科（Fra Angelico, 1395—1455），意大利早期文艺复兴画家。

（我这么对您说吧，命运的偶然让我在一九九一年就认识了贝诺瓦·阿蒙，那时候，我们俩都是二十四岁，成了好友。我还记得他当时是罗卡尔派，他觉得我有些"偏左"。这一切对我们来说早已成了过去。对我们俩都是。我们偶尔会见上一面，但越来越疏远。贝诺瓦是典型的那种人：你可以很舒服地把胳膊肘撑在吧台上，跟他一边喝着啤酒，一边慷慨激昂地指点江山；他注定一辈子不会入主爱丽舍宫。）

二月

最初的民意调查结果公布了，人们看好前进运动的候选人，认为他能进入第二轮。同一个调查预测他与玛丽娜·勒庞能进入终选对决，而他会轻易胜出。在不少评论者的心目中，兴许还在不少法国人的心目中，总算有了结果：一个关于马克龙总统的假设变得合情合理。

当事人并没有飘飘然地体味这一时刻，而是选择发动了一场媒体进攻战。他应邀在法兰西文化广播电台做早间节目，然后又应邀到法兰西国际广播电台（听众最多的法国电台）做早间节目，再后来又成了TF1电视台（观众最多的法国电视台）的电视新闻节目的应邀嘉宾。他的抱负兴许就是消灭竞争。他应该想到了，他经常是二月份出场表演的。然而，一切都表明，人们通过比较进行推理会走偏。选民的不稳定性比以往任何时候都更强烈。我们还不如说，需要推出一个潜意识中的隐含形象：面对风雨飘摇中的菲永，要团结；而面对好不容易才让全体左派取得妥协的阿蒙，则要保持清醒。

当我对他说到这些时，他微笑着拐弯抹角地说道："明天晚上我们去看戏，你跟我们一起去吧。"第二天，我的确跑去看戏了。那出戏名叫《烈火熊熊》[1]。（它讲述了一个野心勃勃的年轻女子的上升过程，她稳步赢得了一个老派而荣耀的地位，却没有看到危险的来临。假如人们稍稍往坏的方面想一想，就很容易能看到一种隐喻。）

说得更严肃一些，让我震惊的是，他的手没有发抖，他的头脑中没有疑虑，没有什么能侵蚀他：他镇定自若，意志坚定地向前走，仿佛无视一切喧闹。

这是不是故作姿态，或者仅仅是一种表象呢？我回想起他一开始时暗暗告知我的话："我应该向他们露出……《圣母怜子》中的那张脸。"就是说，无论斗争如何残酷，都将是一种经久不变的、永不沉没的温和形象。他说到做到了。不过，我还觉得，他所体现出的平和是很自然的。有两个新词似乎就是专为他而创造的：平和感

---

[1]《烈火熊熊》（*Pleins feux*）是一出法国喜剧，2017年初在巴黎上演，主题是两个演员的竞争对决。

(zénitude)和苦力性(coolitude)。

他提供了一种力量展示的新方法(他更喜欢使用"欲望展现"这一表达),在里昂,他召集了差不多一万五千人。舞台设置让人印象很深:雾角声声,流行音乐阵阵,法国国旗和欧盟旗帜迎风飘扬,阶梯座席几近爆满,主席台就像一个拳击台(人们几乎就是在期待洛奇·巴尔博厄[1]的出场)。然而,演讲本身一如往常太冗长,而且,这一次有些空洞,言之无物,庸俗乏味,仿佛在推挤一扇开着的门,根本唬不了任何人。说到底,听众兴许根本就记不住任何东西。但人们会记得的是这个:新近改宗者的热情,聚合在一起的媒体人物,还有其他一些人。那些人在圣诞节之前恐怕翻白眼说过:"马克龙吗?他可是一个幻象!"而如今,他们却纷纷为他欢呼雀跃。我看到他们拥在他身边,成为一群新的追随者。假如风向一转,他们就将匆匆离去,去得比来得还快,恰如一大群麻雀。假如他当选,他们就将要求得到地位、职位、报酬,恰如贪婪的猛兽。

既然竞选活动变得更专业化了,密度和强度都更大了,那它也就变得不那么有意思了。它本来是一种特殊的历险,如今却成了一段更为约定俗成的历程。它本来是一种越轨的逃亡,结果却成了一

1《洛奇》是一部美国电影(1976),由约翰·阿尔森执导,史泰龙编剧兼主演,讲了一个籍籍无名的拳手洛奇·巴尔博厄(Rocky Balboa)奋力拼搏的美国梦故事。

次混战。魔法隐约淡去,变得模模糊糊。对我这样一个小说家来说,这便是能发生的最糟的事了。而对选民来说呢?

最终,这一程式将持续不了太久。魔术师从他的帽子中取出惊喜,他发誓说,打击不会让他动摇,流言蜚语也不能奈他何。他将继续他的道路,根本不去理会滚滚而下的泥石流。然而,他决定(是心血来潮吗?)要在博比诺剧院的一次表演(即兴的吗?)中回答那些诽谤者。面对那些支持者,他列举了人们的种种不满,并做了反驳。他难道是"一个毫无纲领章法的上师"吗?他开玩笑说:"有些人认为,我们是在一个神秘教派中。我可以向你们保证,我们并不打算在烈火中牺牲。"他难道是"一个悄悄隐藏起来的同性恋"吗?在这个问题上,他依然回以幽默的反驳:"你们听说了一些事情,说我是个两面派,说我还有一种隐秘的生活。布丽吉特听到这个会很别扭的,她会纳闷我在生理上到底是怎么做到的。她日夜与我共同承担生活中的一切,而我从未因此给她任何酬劳!我根本就无法分身为二。假如在盛装晚宴上,在往复的电子邮件中,有人对你们说我还跟马蒂厄·加莱[1](法国广播公司的总裁)过着另外一种生活,说此人就是我的全息图像,那这说的绝对不会是我!"

---

[1] 马蒂厄·加莱(Mathieu Gallet, 1977—),法国高官,曾担任国家视听研究所所长,还是广播局的总裁。他曾被传言过着一种"双重生活"。

我质疑这一选择。我觉得，陈述流言（即便是为了戳穿它），从某种意义上说，也是在叫人相信它。但这尤其会让流言走出地下，走出污泥，为它提供严肃的报刊平台，而报刊则突然间觉得自己有权把它报道出来，既然是当事人自己在谈论。此外，这样也不会打偏打漏。随后，它就出现在所有电子媒体的头版头条，并且被各方妖魔鬼怪评头论足。而到明天，它是不是就将成为一剂毒药，慢慢地沁入人体，置人于死地呢？在迄今为止一直受到严格而有效控制的传播中，这是第一次严肃的不合拍吗？是真正的突变吗？

布丽吉特打电话问我对此有什么想法。我把自己的疑虑告诉了她，她则将它们一扫而空。"你并没有意识到，流言到处传播，我在外省旅行时，所到之处，无人不问我这方面的问题。"我立即明白，她也被牵涉进了公众的视野之中。而说到底，人们又怎么能怪她呢？流言对她是一种伤害。而且最糟的是：那是一种侮辱。埃马纽埃尔·马竭力反驳它们，这除了能表明他对妻子的爱，是不是就起不到任何作用了呢？

二月十日，他去图赖讷闲逛。候选人提议我陪他走一趟。我一大早就在巴黎蒙帕尔纳斯火车站的月台口等他。他显得清爽而悠闲，稍稍化了妆，露出他那永远不变的微笑，蓝莹莹的目光很具穿透力。他显然很清楚自己相貌的魅力，必定会尽情施展。我能想象肯定有不少人觉得他颇有诱惑力（而在政治上，美就实在有些罕见了）。我还能想象某些人应该会很敌视他身上那友善小伙的一面（而在政治上，过于矫揉造作的魅力则会惹人厌烦）。每一次见面时的拥抱都毫不拘束。他喜欢碰触，拥吻。

跟他在一起的有皮埃尔-奥利维耶·科斯塔[1]。我是通过贝特朗·德拉诺埃认识此人的。他于一月底投奔埃马纽埃尔·马，成为他的办公室主任。他四十九岁，完全可以继续待在金碧辉煌的巴黎市政府，享受一份受无限期契约保障的舒适生活，但他选择了历险。他也许会走向爱丽舍宫，也许会走向就业服务中心。我发现他还是我所熟悉的样子：和蔼，谨慎。当我询问他关于他选择的问题时，他做了一个具有启发性的比较："你知道，我很久之前在蓬皮杜文化中心工作时，人们心里总是会想，真是了不起，卢浮宫有达·芬奇的《蒙娜丽莎》，纽约现代艺术博物馆有毕加索的《阿维尼翁的娘们儿》[2]，佛罗伦萨的乌菲齐美术馆有波提切利的《维纳斯的诞生》，而我们，我们有什么呢？人们心里会想，我们得有一幅艺术巨作，以吸引观众前来。而后，我们也意识到，观众为的是参观艺术中心本身。而对埃马纽埃尔而言，人们前来，为的是他本人。"

---

[1] 皮埃尔-奥利维耶·科斯塔（Pierre-Olivier Costa, 1968— ），法国高官，是马克龙的幕僚。
[2] 毕加索的名画《阿维尼翁的娘们儿》画名原文为"Les Demoiselles d'Avignon"，通译为《阿维尼翁的少女》。但其中的"Demoiselles"应指"妓女"。

还有另一些人陪在候选人左右,其中有那个精力充沛的新闻官员茜贝特(就是可以毫无困难地对任何记者说出残酷真相的那位),有文了身的女摄影师索亚茜,有纪录片制作者扬——他总是像影子一样地跟着他,还有英国电视第四台的一个摄制组——这一次他们是全程跟随。这一小群人都很放松,就像在顺风顺水时那样。但毫不张扬,这在顺风顺水时倒是很少见(仿佛他们猜测到了他们处境的脆弱)。

在站台上,人们开始打招呼、自拍。

我们坐二等车厢旅行(考虑到经济条件与公共形象)。他邀请我坐到他的身旁。科琳娜·勒帕热[1]——这位雅克·希拉克时代的前环境部部长,早在几星期前就投奔了他,此时已在车上了。她在这次专为生态农业而进行的旅行中将担任他的导游。

随即,谈话转向了政治。头一天,玛丽娜·勒庞应邀在法国电视二台露面,她创造了一项观众收视纪录。埃马纽埃尔·马很干脆地说:"在民意调查中,她不会掉队,她有群众基础。自十二月以来,我就明白,我要超越的那个人应该是菲永。话虽这么说,我却没有想过他会就此倒下。他甚至就如大厦一般轰然倾塌了。人们不禁会问,在局势确定之前,他们是不是还不会阻止这一趋势。直到三月初,这还是可能的。之后,那就将太晚了。"

---

[1] 科琳娜·勒帕热(Corinne Lepage, 1951—),法国女律师,政治家,曾任法国环境部部长。

于是我把话题转向左派，问他觉得是否可能商定出一个阿蒙－梅朗雄协议，在他们俩之中弃一保一，只剩下一方。"不可能，"他断然否定道，"任何一方都不会在另一方面前轻易抹除自己，无论是在有政治分歧的问题上，还是在自我的问题上。"

我提起贝鲁，他回答我说："假如他不走下去，也并不会给我们带来什么好处，但是，假如他继续下去，却会从我们这里拿走两到三个百分点。入围第二轮投票的角逐，无疑会像一场手帕中的魔术表演，差别在毫厘之间。因此，他能对对方形成干扰。"科琳娜·勒帕热插话道："他有一个财政上的问题。如果达不到百分之五的票数，他竞选活动的费用就收不回来，而他自己是偿还不起的。"她提议与马里耶勒·德·萨尔内[1]靠近。我观察到埃马纽埃尔·马听取了这一提议。

于是我问他，他对当前的竞选活动有何感觉。"媒体又转了回来，"他分析道，"例如，《世界报》就决定对我展开进攻，这是一个信号，而我必须把这一新因素也考虑进去。"他表达得很冷静，毫不做作。他继续说道："到月底前，要把纲领公布出去，这会让他们平静下来。"然后，他又补充道："有必要推行一项能在法国人的无意识中留下烙印的关键性举措。能够靠工作有尊严地生活——显而易

---

[1] 马里耶勒·德·萨尔内（Marielle de Sarnez, 1951— ），法国政治家，贝鲁派人士，国民议会外交委员会主席。2017年5月至6月，她是菲利普政府的外交和欧洲事务部部长。

见那还太概念化。"

这时候,列车员过来检票。人们期待此人会有一种相对的中立态度(甚至是一种敌对态度),然而没有。他也要求跟埃马纽埃尔·马拍一张合照。他这样解释说:"这很简单,我们只信任您。"接着他们便拍照了。

在圣皮埃尔德科尔车站,几个官员和一大堆摄影机正在站台上等他。他跟众人一一打过招呼,随后被一个年轻人叫住。此人是弗朗索瓦·菲永的支持者,冲上来就问他的财政问题,还有为竞选活动而接受的捐赠的透明度问题。他准备稍微见过大家后就回答。"我的财政已经公开,您可以随时去查。至于捐赠,我在此重复一下,法律不允许公开数目。"他还情不自禁地打了一记响指,就仿佛他被什么东西猛地刺了一下,"无论如何,我都没有做过任何违法的事。"说完他就掉头,扬长而去,而那一大群人也随即紧紧跟上。

在车站广场上,他跟维持秩序的警察们一一打过招呼,然后才钻进专门等着他的那辆汽车中。我则坐上了让-雅克·菲耶尔[1]的汽车。此人是安德尔-卢瓦尔省的参议员,七十四岁,跟他是同盟军。老人家对他赞不绝口:"当他在议会中主持通过他那项法令的时候,我跟他共事呢。他很善于倾听,会专门抽出时间跟

---

[1] 让-雅克·菲耶尔(Jean-Jacques Filleul, 1943—),法国政治家,社会党人,曾大力支持马克龙的竞选。

我们仔细商谈。我看到了一个真正的社会民主党人，他有明确的想法。而社会党做事情却不太敞亮。阿蒙是一个平庸蹩脚的候选人。这个星期，他到我们这里来过，给我们的团队做了演讲，但没人为他的演讲振奋。您会对我说，这总比梅朗雄要好吧，梅朗雄是绝对地可怖。我想埃马纽埃尔会赢。我在他的观点中感受到某种强音，那是我自密特朗以来就一直没有感受过的强音。您会明白的：法兰西是一个停滞的国家，而埃马纽埃尔是我们的希望。"这最后一句话，出自一位年过七旬的老参议员，真的令人心忧。

车队来到布尔黛西埃尔城堡。这是一座有着文艺复兴时期建筑风格的城堡，坐落在卢瓦尔河谷的心脏地带，旁边有一座面积达五十公顷的公园，里面遍布着雪松、巨杉、橡树，同时也有一个国立西红柿玻璃温室。我们立即出发，在一个过度热情的导游的严格陪同下去参观一个生态农庄。远处是一片令人大开眼界的景象：低帮皮便鞋在泥浆中踩踏，长裤裤腿被污泥溅得脏兮兮的，摄影师们你推我搡，名人显要踏入花坛，名门贵淑跟跟跄跄。来到乡下的巴黎人兴味盎然，踮着脚尖走在这一片泥泞之中，好一番独特的破浪航行（我如在画中游），这一切真是具有某种神奇怪异的意味。

然而，这最终会塑造出一个个漂亮的形象，其中也包括埃马纽埃尔·马高高地站在一座苍翠的山岭上休息，他的身影在一片蓝天的背景之中被勾勒出来（我们可以打赌，弗朗索瓦·奥朗德恐怕也有权来到一座光秃秃的山上，面对一股股汹涌的激流，只是他运气不太好）。

结束了农业之旅后，候选人召开了一个记者招待会，详细阐述了他的生态主义纲领，既没用任何笔记，也不带丝毫犹豫。一个记者偏离了当天的主题，追问他："您的立场是什么呢？"他喜欢这种猛烈的逼问。"这可是一个六八一代[1]的老问题了！要紧的并不是说话者的立场，而是他说的内容以及要达到的目标。"他又补充说："右派是不是可以被简化为一种极端保守主义呢？不能。整个左派是不是都想得到施舍援助呢？不是。"稍后，他又加了一句："必须提防各种简单化。没有什么是概而论之的。"当他被问到社会党候选人贝诺瓦·阿蒙与生态保护主义派的候选人扬尼克·雅多[2]之间显示出的亲近关系时，他反驳道："系统性协定，那是昨天的或者前天的世界了。"

他又离开了，一点时间都没浪费，目的地是圣皮埃尔德科尔的家乐福商场。那里安排了他的一个新书签售会。人们至少可以说，他们已经彻底改换了场景：继生态农庄之后，他们去了过度消费以及市郊对市中心的胜利的象征之地。他在那里受到了商场总经理以

---

1 特指1968年"五月风暴"的参与者。
2 扬尼克·雅多（Yannick Jadot, 1967— ），法国政治家，生态主义者，欧洲议会议员。

及一大帮部门经理的热烈欢迎。其间出现一幕滑稽的情景：候选人需要去一趟卫生间，有人带他去，他把自己关在里面；与此同时，外面则有三十个人耐心地等着，在西班牙海鲜饭的一阵阵香味中，大家低头看着自己的鞋，等他出来（食品摊位正好位于我们所驻留的那条走道附近）。

在"当月特价推销区"的正中央，人们特别开辟了一个角落，还设置了路障，以对正等着他来临的人数众多的队伍进行分流。他在那里停下来，向人群招手示意，逗留了整整一个钟头，丝毫没有显露疲惫，始终和蔼可亲，聆听别人的倾诉，接受所有合影请求。他对我说："应该到这里来接触一下人们。与我交谈的人并不是我在传统书店中遇到的那些人。"必须弄明白：这里是人民，是现实。在耐心等待的人群中，有人赞扬"他的能量，他的青春，他的亲民"，还有他在政治领域中吹出的这一股"清新之气"。警察与保安在维持秩序。

到了下午两点钟，该是返回首都的时候了。在回程的列车上，为了不浪费一分一秒，他接受了两个采访。（一个是外国媒体，另一个是来自巴黎的女记者，后者问了他关于他的"基督气质"：难道她在他身上看到了上师的形象吗？）

列车抵达蒙帕尔纳斯火车站后，他邀请我坐他的汽车走。"来吧，我们去总部结束我的谈话。"收音机里传出布雷尔的一首歌。他立即强调，他喜爱布雷尔的音乐，但同样也喜欢费雷、布拉桑、芭芭拉、阿兹纳武尔。[1]我稍稍嘲笑了他:"他们都非常值得尊敬,但多少有些老派了,不是吗?"他微笑道:"是的,我承认。"我琢磨着他作为所有候选人当中的最年轻者,所喜爱的歌手中是不是会更现代。在我给出的三个选择——克莉丝汀和皇后、傻朋克乐队、阿黛尔——中,他只对一个表示了赞许,我们得救了。

当我们走进他的办公室时,我提醒他注意,他一整天还什么都没有吃呢。我纳闷他的身体是如何支撑下来的。此外,我也纳闷竞选总统的那些候选人是如何扛住强加到他们头上的那种地狱般的工作节奏的。他们的肉体又如何不会记起那美好的回忆?他说:"布丽吉特和我这个周末去诺曼底,秘诀就是要安排好种种临时插入的事情。"

谈话主要围绕着此后几天中有可能会宣布支持他的那些人,因为民意调查似乎保证了他能入围第二轮选举。他毫不犹豫地说:"在左派中,我只寄希望于两个人:贝特朗·德拉诺埃和让-伊夫·勒德里昂[2]。"我便明白,他到现在还没有说服他们。我接着说:"你的入选变成了一种可信的假设。你是不是已经想到了此后的情况?政

---

[1] 布雷尔、费雷、布拉桑、芭芭拉、阿兹纳武尔,这些人都是20世纪中期法国(包括比利时)著名的歌星。下文中提到的克莉丝汀和皇后、傻朋克乐队、阿黛尔都是当代歌星。
[2] 让-伊夫·勒德里昂(Jean-Yves Le Drian, 1947—),法国政治家,曾任国防部部长、外交部部长。

府？议会？"他似乎充满了信心："假如我当选了，我将会掌控议会的多数选票。至于政府，我真希望能有一位女性来出任总理。"我在想，马克龙的五年总统任期与我们已经了解的那一切，将没有丝毫相像的地方。

他的女助手刚好在那一刻从门口探了一下脑袋：下一个会面的时间已经到了。我起身告辞。他对我微笑道："我们将继续。我们不会示弱的。"

布丽吉特一想到她丈夫每次出行都引发的那种狂热，就会轻轻地打趣他那著名的"基督气质"，哈哈大笑地说："有时候，我会觉得自己嫁给了塞戈莱纳·罗亚尔！"我对她说："你这话说得实在太逗了，但假如我是你的话，我会避免在公开场合重复它的。"

二月十五日，他跟贝特朗·德拉诺埃共进午餐。贝特朗比任何时候都更为悲观（甚至沮丧），玛丽娜·勒庞五月份当选的前景在贝特朗看来越来越可信了："今天，她的支持率稳居于百分之三十左右。面对对手阿蒙、菲永，她在第二轮中会胜出。而面对马克龙，我可就不知道了。"而埃马纽埃尔·马恰恰向他射出了好几支箭。"我听了他在里昂集会上的讲话，精彩极了，我完全赞同。但是具体说来，他当上总统后要做些什么呢？当人们说时代已经到了严峻的关口,那就得给出内容与回答。当人们谈到社会公正时,那就得给出内容和方向。我还读到了《星期日报》上的文章。所谓的'基督气质',就是胡扯。埃马纽埃尔陶醉了,并成了陶醉的牺牲品。他处于失重状态,这就增加了选民的不稳定性。而且,他过分关注选举策略,有些缺乏政治感。"他把最好的保留到了最后,"埃马纽埃尔听取了意见,没错,但他根本没有照人们的意思去做。从这一点来看,他让我想起了弗朗索瓦·奥朗德。"这位前巴黎市市长有些神经质。假如埃马纽埃尔·马打算跟他搞联合,他面前还有一点点路要赶。

是在最糟糕的时刻遭遇了疲惫的一击吗?就在人们认为投票意愿已经稳定了的时候,埃马纽埃尔·马累计犯下了种种过失。首先,他把殖民化形容为"反人道的罪恶"。人们要谴责旨在奴役各国人民并掠夺种种资源的历史进程,如果说这显然是必要的,那这种形容看起来还是有些过分。另外,如果站在受害者这一边——在"士兵们的自然猎物……阿拉伯人"这一边,恰如莫泊桑在《漂亮朋友》中描写的那样——他就会机械地把法国人都归为压迫者的角色(当然,有一部分法国人确实如此,但他们不愿意别人总是提起)。尤其是,他由此唤醒了一道旧伤疤的疼痛。其次,仿佛这还不够似的,他解释说,同性婚姻的反对者受到了"侮辱",但他忘记了,在这一没完没了的进程中,同性恋者曾遭到了最恶毒的辱骂,遭到了最不能忍受的收编。在这个问题上,他重新打开了一道裂痕,还发动了一番论战。他应该学会让自己的舌头在嘴里转上七次,或者对着递过来的所有麦克风干脆什么话都不说。

布丽吉特给我打电话,开口就说:"暴风雨警告!"她很明白,她丈夫处于困难中,她并不竭力寻求减少损失。她提供了一个解释:"一切都压在了他的肩上,一切。但他并不是个超人!"他总是在冒险,总是处于过于激动的状态,因而很容易出错。另一些人则指责他周围的一部分人,说他们给了他一些不好的建议(确实,有时候,他周围的人会给人一种感觉——他们似乎与现实脱了节,在一种闭环系统中活动)。最后,布丽吉特承认,她丈夫本该表达得更为简单,并且涉及的话题应该是两相情愿的。这么说来,正是在暴风雨中,人们才能更好地评判船长的航海能力。在未来的日子里我们将知道,他究竟能不能从这一次暴风雨中顺利脱险。

他在土伦开了一次群众大会,但会场入口被一帮国民阵线的打手(这些人露出了真正的面目:暴力与混乱)以及一些黑脚[1]

---

[1] 黑脚(pieds-noirs),法语俚语,指在阿尔及利亚、摩洛哥等曾为法国殖民地的北非国家生活的法国人。

（他们因脱离殖民化而愤怒不已）给堵住了。在那次大会上，埃马纽埃尔·马没有道歉，但请求了那些被他伤害的人的原谅，说了一句"我理解你们，我爱你们"，这多少带些巴洛克式的浪漫色彩（且不说它带有历史悖论的意味）。我不确定这样的情感冲动就能扑灭火灾。但是，这一伎俩尤其会煽动人们对他的机会主义的审判，会加深人们对他的核心意识形态的怀疑。带来的损害恐怕不会只是暂时性的。

埃马纽埃尔·马给我发来信息，问我有何感想。这是一个信号，说明他已经权衡过危害了，而他通常都是只顾抬头走自己的路，不怎么在意其他人的精神状态。我回答他说，他的话很笨拙，很不稳当，而且不择手段，出尔反尔，见到树枝就紧紧抓住，这样做通常都会显得很不堪。他忍住了。

三个星期后，我问他近况如何。于是他做出了分析："这一切很能说明法国社会的形势。这个故事阻碍了我们，在郊区形成了一种挫败感，构建出了某种'领土收复主义'，一种前进中的无力感。对一部分人的痛苦的承认，会彻底粉碎在另一部分人的痛苦中。"

他将趁机攻击他的对手们，而他很少公开这样做。"极右派的沃土，就是黑脚们的失落，我已经收到这一阵营数百封谩骂性的电子邮件了。至于右派，它正在变得激进，表现出了对历史的不安全感。"

但是他将从中汲取一个政治教训。"论战开始了，因为在这一时刻，我的竞选活动已经没有什么节奏可言了。我结束了争地盘的阶段，却还没有亮出纲领。而我多多少少丢失了自己政治身份中侵犯性的、颠覆性的那一面。我把人们带到了那里，而他们却丢失了引路之线。"

在这一错失的阶段之后，我跟布丽吉特见了面。我感觉她有些迷茫不安。她面带微笑地告诉我说："但我才是那个迷茫不安的人！你会看到他沉着镇定。"我有些疑虑，便询问了我的第一当事人。他肯定道："我并不焦虑。这只不过让我更加深信，我必须努力提出一个强有力的纲领。"

贝鲁同意跟我们联合了！的确，这次选举和往常都不一样。从各个方面来看，它没有先例，让人疲于应付，并且再一次表明，通过类比来推理是毫无用处的。此外，所有那些所谓的"专家"（比如说，那些人会在这位波城市市长宣布放弃竞选之前的十五分钟，还当着公众的面信誓旦旦地说他显然会成为候选人）最好还是乖乖地谦虚一些。而这也证实了人们在萨科齐和朱佩落败以及随后奥朗德退出之后所观察到的一切：整整一代政治人物开始纷纷退出舞台。在多灾多难的一个星期之后，眼下所有的"行星"都重新为埃马纽埃尔·马而排列。这难道就是他表面上沉着镇静的秘密原因吗？

我问他，如此出人意料的联合是怎么产生的。于是他给我讲述了故事的细节。"我们在二〇一六年七月见了面，做了推测评估，进展不是很顺利。九月，他在媒体上攻击我。我被冤枉了。但是，我们的班子仍保持联系。就在他宣布决定的一个星期前，我们在我家见了面。我们进行了一次政治上的基本讨论，都认同时局很严峻。我对他说，我不想成为中间派的领袖，这就给他松了绑，这一职能是他的。我在伦敦时，他给我打了电话。我们聊了整整三刻钟。他给我介绍了他的一些观点，他希望看到它们能融入我的纲领规划中，我毫无困难地接受了。实际上，他想被人当作并且承认为一个合作人，但并没有争取进入候选人名单，无论如何，他知道那样行不通。他对媒体发布的宣言是一篇强有力的演讲。说到底，他展开了萨特所说的'行动'，也就是说，他做出了一个超出自己能力的决定。这让我有了一种新的冲动。"

整个极右派衡量了危险后，开始对他发起攻击。他们的言论淹没了社交网络，嘲笑他是"体系中的小卒子"。当人们被极右分子反对时，通常都是一个好兆头。此外，这些攻击把他置于唯一危险的竞争对手的地位，这对他依然是个好消息。

让我这么告诉你吧：在我跟进此次竞选活动的同时，我也忙于写一本新书，为一个剧本收尾，并出版了第十七部小说。同时做了太多的事吗？也许吧。但实际原因是，我需要而且也在竭力跟各种政治动荡保持距离，而写作能让我做到这一点，因为它将我隔离起来，因为它带我走向根本；虚构能让我做到这一点，因为它赋予了当下的现实另一个层面；《别对我说谎》一书的陪伴，在书店、图书馆和中学的那些见面会，还有那些火车之旅，都让我与竞选之外的另一个现实保持了接触。

迫使自己稍稍拉开一点距离后，我清楚地意识到自己频繁接触埃马纽埃尔·马已经有好几个月了。我们定期见面，几乎每一天都要交换信息。我也渐渐熟悉了他周围的那帮人，我努力理解他的想法，并听取那些诽谤他的人的说法。就这样，我写他已经有几个月了，到如今我本应该已经很了解他才对。然而我发现，在很多层面上，他依然还是很难把握的。我实际上无法真正确定什么是他所体验到的，什么是他所构建出的。在他身上，有着一种现代密特朗版的斯芬克斯的气质，一种永远不彻底展示自己的能力，一种永远无法被简化的神秘。

还有这个：他很善于请教并听取种种意见和建议，然而，他又很少改变他最初的意向或本能意愿；同样，他身边幕僚众多，他也很看重那些助手，但是，最终做决定的只有他一个人。

好吧，我再补充一点悖论：他是一个能引诱所有对话者的男人。

他冲他们微笑，目光直视对方。这是一个会回复对方信息、让他们感觉自己很有用的男人，一个显得实实在在、热情洋溢、情感充沛、触手可及的男人。而人们不是作为朋友认识他的。

我们接着追踪事情的进程：二月底临近，而埃马纽埃尔·马一直没有宣布竞选纲领。这显然激起了种种讥讽与不耐烦，而且这在总统选举的对决中是首例。对于这一点，我们必须承认。通常，候选人在出场之际会许下很多诺言——又被称为承诺。而一旦他们获得权力，就会迟迟不予履行，还往往推辞说，世界难以预料的纷乱迫使他们不得不做出令人痛心的修正。尽管如此，法国人还是密切关注这一典仪，关注他们并不太相信的这一切。埃马纽埃尔·马选择不做任何跟其他人一样的事，因此，他能让愉悦（或不快）持续下去。他还是在《回声报》的专栏中公布了他经济纲领的梗概，作为类似开胃小吃的开场白。根据那些专家的反应判断，他提出的是一个"平衡的"——最常出现的正是这个形容词——规划。这样的方式兴许能让人明白，它是温和的，只想尽可能少地招来敌意。人们还声称它是"现实的"，因为它是基于合情合理发展的假设（这跟他的主要竞争者们提出的那些假设正好不同），而且还愿意将亏空纳入考虑范围（在这方面，跟行进中的其他参与者刚好相反）。然而，吸引人们注意力的并不是这一规划，而是几个小时之后在广播中宣布的一份附记。这在文字媒体上是乏味的东西；而在重要的大众媒体上，则是戏剧性的。埃马纽埃尔·马提出的建议恰如其分，百分之八十的法国人（不那么富裕的群体）需要的正是取消住房税。如果说我们还存在什么不公正的、该诅咒的税收，那么它就算一种。一下子，人们开始只谈论这个（如此看来，这个人并没有丧失政治感）。现在，要说清这一惊人的规划是否会带来跟弗朗索瓦·奥朗德在二〇一二年提出的对百分之七十五的高收入者征税的建议一样的震撼，恐怕还为时尚早；但是毫无疑问，它是一个明显的左派标志。当一个人日夜被人指责为一个可怕的自由派时，这个拿来一用还真是不错。漂亮的一击。

我给他发去一条短信，表示了祝贺。他当即就回了我一个"哈哈"，接着就是一个笑脸的表情。这个小兔崽子对自己很满意。（假如这本书出版时他已成了总统，那么毫无疑问，他肯定会对我谈起这一句"小兔崽子"，并且指责我缺乏尊重，哈哈。）

恰巧，我的一个朋友最终得知我的这一文学计划。他对我说："但是你做到保持客观了吗？"我反驳他说，我决不打算这样。我要的是主观性，我希望能用一种敏锐的眼光看待正在发生的事。他继续道:"但是,跟雷札关于萨科齐的那本书[1]相比呢?跟比内关于奥朗德的那本书[2]相比呢?"我则说,我很喜欢雷札的书,但我已经记不太清楚了,不过我并没有读过比内的那本书。他坚持问道:"但你是不是写成了一种文体?"我明确道:"恰恰不应该把它写成某一种文体。"

民意调查越来越热闹了。二月底,一份研究报告承认他获得了百分之二十五的民众投票意向(比玛丽娜·勒庞少两个百分点,但领先弗朗索瓦·菲永六个百分点)。布丽吉特几乎养成了天天给我打电话的习惯。她对我发泄道:"迄今为止,实际上,我一直拒绝相信或者不如说我始终拒绝让自己投射进去。但根据所有这些民意调查,我明白这件事情变得合乎情理了,有可能了,而这实在让我有些害怕,你是不会知道的。到时候如果真是如此,我真的能做到吗?你能想象我该改变和学会的那一切吗?"

她并没有向我敞开心扉。但是听到她的不安心绪后,我就问我

---

[1] 雅丝米娜·雷札(Yasmina Reza, 1959—),法国女剧作家、小说家。她较有名的剧作有《艺术》(1995)等,而她关于萨科齐总统竞选的叙事作品是《黎明,傍晚以及黑夜》(2007)。
[2] 洛朗·比内(Laurent Binet, 1972—),法国作家,他的作品《HHhH:希姆莱的大脑是海德里希》(2010)、《语言的第七种功能》(2015)都曾获得法国的一些文学大奖。他写的关于奥朗德那次总统竞选的作品是《一切都发生在意料之外》(2012)。

自己，她是否读过安妮·辛克莱[1]在一本书中说到她的那些话，她是否受到触动。"由于没有出席在荣军院为米歇尔·罗卡尔之死举办的仪式，我想确认一下人们告诉我的事：布丽吉特·马克龙——她又一次在周刊《近距离》上说了话——穿着一身太旧的衣服到来，她的那双细高跟鞋走在纪念共和国英雄的雄伟庄严的庭院的砌石上，更像是在展现一种时装周的派头，而不是为了悼念那位刚刚去世的左派领袖。曼纽埃尔·瓦尔斯将保持沉默，没有再补充什么，因为已经有传言在说，野心勃勃、迫不及待的布丽吉特·马克龙将会是埃马纽埃尔的一大问题。"

这一幅色彩浓烈的肖像画浓缩了最令人讨厌的因素：对损人的渴望（"我想确认一下"），假信息（"在周刊《近距离》上说了话"），厌女症（这不是男人们的特权），对流言蜚语的相信。没错，有二十多年作为斯特劳斯-卡恩先生的妻子的经历，她有资格给出各种优雅的教训。

我叮嘱布丽吉特，要为她自身之所是而自豪，而不要向焦虑屈服。她微笑道："我想起我父亲，这一情境应该会让他在天上感到开心。在那些重要或微妙的时刻，我会想起我父亲。我们都会如此，不是吗？"

---

[1] 安妮·辛克莱（Anne Sinclair, 1948— ），美国出生的法国电视和电台采访者。她在法国 TF1 电视台主持了十多年颇受欢迎的政治节目。她是国际货币基金组织前总裁多米尼克·斯特劳斯-卡恩的妻子。

胜利的前景仿佛引导着她重新审视自己走过的路程。她回想起年轻时代的埃马纽埃尔。"他很有骑士风度，我也说不出更好的词了。"然后就努力简述他们二十年共有的激情，"我一刻都没感到厌烦。"并且展望未来，"假如他胜出，我就能肯定，有他在，一切都将会变得非同一般。"

几天后，我又跟埃马纽埃尔·马谈到了他妻子的这一评价。他则说得很清楚、很干脆。"都是平庸伤害了人。那是在兜售瓦尔斯先生及其随从们的小心眼。我已经中断了跟那些人的交往。"

（我不知道他是不是个记仇的人，但可以肯定，他什么都没有忘记。而且他也不相信时间必然会让人原谅。）

盟军在不断地增多：偶像级的丹尼尔·孔－本迪[1]、生态主义派的弗朗索瓦·德·鲁吉[2]、瓦尔斯派的克里斯托夫·卡雷舍[3]，或者还有宪警中的"勇敢将军"贝特朗·苏伯莱[4]，全都在二月的最后

---

[1] 丹尼尔·孔-本迪（Daniel Cohn-Bendit, 1945— ），法国出生的德国政治家，活跃在德法二国及欧洲绿党里，曾是1968年5月法国学生运动的领袖。
[2] 弗朗索瓦·德·鲁吉（François de Rugy, 1973— ），法国政治家，曾任生态部部长。
[3] 克里斯托夫·卡雷舍（Christophe Caresche, 1960— ），法国政治家，国民议会议员，社会党人，激进派。
[4] 贝特朗·苏伯莱（Bertrand Soubelet, 1959— ），法国高级警官，将军。

几天里赴结盟约。人们几乎可以说，孤独的逃脱开始变成大规模的聚集。

备受殷勤对待的这一位告诉了我他对这一动态的想法："那是堤坝在崩溃。分化重组大行其道。人们一开始的愿望如今已付诸行动。但是我会把两种人区别开来，一种是政治盟友（例如贝鲁），以及那些决定介入并且积极行动的人（例如鲁吉），另一种则是表达了支持的人。他们现在以及将来都会被区别对待。"

让我们脚踏实地地着陆吧。假如左派选民们开始告诉自己，贝诺瓦·阿蒙根本就没有希望进入第二轮，或者即便他勉强进入了，也会被玛丽娜·勒庞击败，那么其中某些人就会冒险转而他投，转向共和国前进运动的候选人。假如右派选民们也对弗朗索瓦·菲永做出同样的推断，那也会产生同样的票数流失。最终，假如埃马纽埃尔·马在公众投票意向上继续紧紧跟住玛丽娜·勒庞，并且似乎还有可能会超过她，把她拉下第一位，那么，早先的一些犹豫不决者就会策略性地投"有用票"。总之，在这一竞赛中，一切都有助于他地位的稳固。

当我沉湎于这一类预测时，S就教训起我来。更泛地说来，S认为我投入太多，我为这一历险贡献了太多时间、太多精力。当然，他说得很有道理。我立即放缓了速度。不可避免地，我终于让自己卷入了那个旋涡。

（但S自己也卷进了游戏中，有时候也陪我去总部，或者陪我外出旅行。S也跟候选人交谈过，从谈话中得出这样的印象："无论情境如何，他的话语都经过掂量，行为举止都很合适。这么说实际上挺令人厌烦的，因为人们更喜欢他能有所倾向，不管是向哪一边。本以为他遇上了困难，失去控制后重又把握住了。但是，不，他什么都没有做。他并没有那样，他始终能正确行事，稳稳当当，有条不紊。对每一个问题，他都有答案，成竹在胸。"而布丽吉特则魅惑了他："跟她在一起，我感到轻松自如，交流起来没有障碍，不用隐瞒任何东西。她绝对是一个属于她那个时代的女人。"）

三月

在一次怪异的媒体见面会上，弗朗索瓦·菲永有几分阴郁地宣布，他已经受到预审法官的召见，接受对方对"佩内洛普门"事件的调查，并会从中吸取教训。他绝对应该保持住他的候选人身份（这之前，他对法国人民解释说，他早已摆脱了这一假设）！随之而来的是一次针对法官的合理合法的攻击，这令人不无忧虑，因为攻击来自一个属于共和派政治阵营和一个长期以来统治着法兰西的家族的候选人。而通常，这一类猛烈抨击非国民阵线莫属，也就是说，纯属混乱的范围。

听着弗朗索瓦·菲永的宣言，我不由得想到了安德烈亚斯·君特·卢比茨[1]，德国之翼航空公司二〇一五年那一次空中客车 A320 航班的副驾驶。他蓄意把他驾驶的飞机撞向一座山，造成一百五十人全部遇难。我对自己说：一个人可以选择自杀，但是为什么要带上那么多同胞一起去见死神呢？弗朗索瓦·菲永只是在蓄意把他的阵营带向失败。埃马纽埃尔·马和玛丽娜·勒庞尽可以志得意满地搓搓手了，即便他们要在废墟之上庆贺胜利。

埃马纽埃尔·马跟我说了他的感觉："好的，在此，我们迈过了一道门槛。"这就轮到我来猜测他到底是指"在任何方面"，还是指"在稳固我的候选人身份方面"。

至于布丽吉特，她跟很多人一样，对此颇有些惊异。为此，她并不认为弗朗索瓦·菲永的固执是个好兆头，反而从中嗅出一

---

[1] 安德烈亚斯·君特·卢比茨（Andreas Günter Lubitz，1987—2015），德国飞行员，2015 年 3 月 24 日发生的德国之翼 9525 航班（空中客车 A320-211 飞机）空难事件制造者。该航班从西班牙巴塞罗那飞往德国杜塞尔多夫，在法国尼斯西北一百公里处的阿尔卑斯山坠毁，所有 144 名乘客和 6 名机组人员全部遇难。空难是安德烈亚斯·君特·卢比茨故意所为。

种背后捅刀、飞来冷箭的味道。"假如法官当真在三月十五日对他进行了司法调查,他也能从中摆脱出来,而右派也会牢牢地抓住宪法委员会,让总统选举延期,既然离提交候选人资格的截止期只有两天时间了。"从一开始,这一竞选活动的剧本作者就明确地显示出了才华,但是,在这里,他未免有些太夸张……

三月二日上午,埃马纽埃尔·马准备好了记者招待会的主题演讲,像一个没事人似的。他将在会上宣布他的竞选纲领。人们交头接耳,嘀嘀咕咕。他则聚精会神,同时也不由自主地——在那些重要时刻,他往往会如此——表现出一副滑稽样。演讲进行得有条不紊,简直是字斟句酌,完全一副奥迪亚尔[1]的派头。到底是疏解压力的方式,还是本性的真情流露?

除了期待中来自对手们的讽刺谩骂,他的计划总体上还是受到了人们的欢迎。他被看作很平衡,很现实,既适应社会,又自由激进。这家伙真是个怪诞的人。他纠正我说:"我更希望你会说,我是一种泛滥的新鲜。"真的有那么一点莫名其妙,不是吗?他做一个米歇尔·奥迪亚尔恐怕更好。

---

[1] 可能是指电影人奥迪亚尔父子:米歇尔·奥迪亚尔和雅克·奥迪亚尔。

这段时间里，右派的心理剧还在继续上演，充斥着媒体空间，掩盖了任何思想辩论和价值观交锋。这完全可以与一出莎士比亚的悲剧相媲美，有种种蓄意谋杀、（政治的）阴谋背叛、结盟崩解、威逼利诱和喧哗骚动。但它似乎在转变为库特林[1]式的闹剧，有砰砰摔响的房门，有戴不胜戴的绿帽子，有背信弃义的流言蜚语，有信誓旦旦的假意承诺，有形同儿戏的出尔反尔。可怜的民主哦！

巴黎的特罗卡德罗广场上举行了受右派政治运动激发的支持弗朗索瓦·菲永的示威活动，而阿兰·朱佩则在他的城市波尔多戏剧性地宣布了放弃。这之后，布丽吉特给我打电话说："《纸牌屋》就发生在我们身边，真的毫无价值！对你这样的小说家，完全就是一块圣餐面包。现实要比任何虚构都离奇。"幽默过后，她就跟我表达了她的不安。"我很痛苦。我感觉到一股强烈的暴力。而法国人满脸都是这个。他们都被扔到了勒庞夫人的怀中。"我向她指出，她丈夫无疑也将从人们对政治日益强烈的厌恶中受益，他的当选也就可以想象了。她则坚持否认道："在我看来，那依然是不可能的。谁知道还会出现什么情况呢？"

（我还知道这一犹疑来自何处。这是一个赢得了自身自由的

---

[1] 乔治·库特林（Georges Courteline，1858—1929），法国戏剧家和小说家，其作品以敏锐机智的讽刺和愤世嫉俗的幽默而著称。

女人，她摆脱了她的资产阶级环境，摆脱了预料中的婚姻。她通过自己的爱，挣脱了决定论式的束缚。多年来，她一直品尝着这一拯救和解放的甘果。到明天，她兴许要履行一种职能，即第一夫人的职能——这对穿着打扮和行为举止有着严苛的要求，需要自我约束，履行种种职责与义务。她恐怕会有一种回到出发点的感觉。）

总之，弗朗索瓦·菲永从此肯定会留下来继续当右派的候选人。我趁机询问埃马纽埃尔·马对此结果是否感到惊讶。他带着某种混杂了冷静分析与残忍解剖的口吻回答我："我一刻都没有想过他会放弃。首先，这家伙很有韧性：他毕竟在萨科齐的手下当过总理，我要提醒你一下！其次，他并没有建立起运动中的核心地位，这是一个党棍，但当然处在边缘。最后，死死撑住才符合他的利益，不然的话，他就将只是一个等待接受判决的人。但最重要的是，他的身份很典型：一个十九世纪的外省资产阶级，他没有看到问题所在。"

朱佩认输也没有让他惊讶吗？"没有，你知道，几百万选民在一次提名初选中就把你给抛弃了，如果你想再返回，那就是很难很难的事了。不过，悖论是，假如他在这一番折腾中还没有彻底屈服，那他还是有可能得到解救的。而且，他上过萨科齐的当。萨科齐一向表现得机警灵敏。他也一向缺乏气度。"

贝特朗·德拉诺埃给我打电话说,他第二天一早将在法兰西国际广播电台做广播演说。他终于走出了沉默。他说:"情况很严重。勒庞夫人可能会赢得这次选举。我觉得,唯一有希望战胜她的,就是埃马纽埃尔了。因此,我将宣布我会投他一票。"他宣读了极有分量的话语:"请你理解我,投埃马纽埃尔的票并不是很困难的事,尤其是因为我发现在他的计划中有很多东西是适合我的。当然,从某种意义上来说,离开社会党人的大家庭是一件痛苦的事。四十多年来,那可一直是我的家。实在是痛苦。尽管我不再置身于代表着它的那些人之中,我却继续满怀激情地爱着它的选民。兴许,其中某些人会不理解我的选择。但是,我是独立做出这一选择的,它完全出自我的真心。"

我感觉埃马纽埃尔·马深为这一支持所感动。他悄悄对我说:"对我这样一个总被所有酋长看作政治上的外侨的人来说,贝特朗的话语、吸引力、承诺令我难忘。当像他那样的人物都对你表示承认时,你会感到充实。他有一种良心,他有一段历史。这让我深受感动,同时,这也更加激励着我。"

三月九日。候选人要在吉伦特地区的塔朗斯召集群众大会。我又一次陪同他前往。当然,我们坐的还是火车的二等车厢:始终保持节俭朴素、平易亲切。我就坐在一个"四座小圈子"中，面对着布丽吉特和他，边上是女新闻官员茜贝特。离我们不远处，是扬·巴尔泰斯[1]的《每日新闻》节目组团队，他们报道了这一竞选活动，一副虎视眈眈的样子。我们互相之间要说说话，就得确保前面毫无遮挡，也就是说，没有任何吊杆话筒架设在我们头顶上。很不错，谈到他的竞争对手时，埃马纽埃尔·马兴致高了起来："你瞧瞧，在菲永的竞选活动中，从此就只剩下一些极端分子。已经经历了一种清洗。甚至可以说，他已经变成了勒庞的一个替代品，正走在民粹主义的道路上。但他还没有消亡。他维持着百分之二十的低水位。我总是在想，这就像在一块手帕中表演魔术，很微妙啊。有必要自始至终保持连贯性。"

他是不是想到要挥舞一面策略性投票的旗帜，充当抵挡玛丽娜·勒庞的唯一一道障碍，以确保自己能胜出，进入第二轮选举？对此，他回答说："首先，我特别渴望人们投赞成票。我可不想再担惊受怕了。"

于是，针对国民阵线，他希望能一举扭转舆论。"我们不应该把法国人的自豪留给那些极右派。真正的爱国者，是我们。而他们，则只配一种狭隘的民族主义的称号。"当天晚上，他将第一次当着积极拥护者的面测试一下这一番连珠妙语，并漂亮地赢得一次

---

[1] 扬·巴尔泰斯（Yann Barthès, 1974— ），法国记者，电视节目主持人和制片人，以创办电视节目《小报》和《每日新闻》而闻名。

成功。

我又回到离我们只有四十五天的最后一轮选举上来。他到底还担忧什么呢？他没有犹豫片刻便说："选民的波动。必须加强密度。对人们说，他们可以相信他们尚不怎么理解的事情。"

我问他，法国人隐约想表达的那种强烈的革新意愿是否就是他的最佳武器。他不置可否地回答说："这并不是在玩弄什么驱逐主义[1]。法国人要矛盾得多。扫帚那么一挥，就不那么严肃了。即便是拿破仑，面对他那些年轻的帝国元帅，也要在旧制度中埋头苦干。"（显而易见，他很喜欢这一指涉。）

反过来说，什么又会让他输呢？在这一问题上，他同样没有丝毫犹豫。"我自己。我怕自己会逐渐迷失掉初心。我并不担心外部环境的冲击影响。我对你说过，我很信奉黑格尔：我相信历史的狡猾。你支持某种超越自身的东西，那就必须永远留在恰当的位置上。"

于是，我转而问布丽吉特，她显得很沉着镇定。"假如他失败了，那也不是一出悲剧。生活还将继续。"这是在召唤厄运吗，还是一个害怕过多动荡的女人的隐秘希望？

她和我最终都走开了，留下他跟记者们在一起。我们走向餐车时，她还在开着玩笑："你看到了吧，跟他在一起，永远不会感到厌

---

[1] 源于 2011 年"阿拉伯之春"的一个政治新词，指驱逐某人，但并不表示有更好的选择，或者自己想替代他。

烦。"然而，我还是提醒她注意，我觉得他变了。她则肯定道："没错，他更严肃一点了。"难道是因为这个，她才刻意保持一种（具有误导性的）轻松吗？

在波尔多的圣-让车站，一长列小轿车车队在等着我们。一切都安排得井井有条。这队人马一副兴高采烈的模样，但说到底还是具有一种确确实实的组织感。车队朝塔朗斯一路驶去，一辆并无特殊标记的警车跟在我们后面。来到集会现场后，我们经由一条条冰冷的走廊，来到后台进入了化妆室。候选人没有预先念诵他的演讲稿，原因很简单，因为他根本就没有写什么稿子。他保证，他想说的一切都在自己脑子里了。即兴演说时，他反而更自如。他开起了玩笑，说到了"渔夫的朋友们"，即那些有强烈薄荷味的清爽小糖片，一面让人给他化妆，一面查看手机。BFM电视台报道说，国防部部长让-伊夫·勒德里昂即将宣布愿意支持他。他说："我代表的正是连任的对立面，我准备好了交替更迭，但是，勒德里昂是一个很重的砝码，一张真正的王牌，我会留住他，这是我唯一要留住的人。"他又吃了一片"渔夫的朋友们"。

群众大会期间，我就坐在戏剧制作人让-马克·迪蒙泰[1]身边。

---

[1] 让-马克·迪蒙泰（Jean-Marc Dumontet, 1966— ），法国戏剧人。

他在整个演讲过程中一直在平板电脑上做记录，就像个小学教师在学生作业的边上批改。

埃马纽埃尔·马这一次总算没有讲太长时间。他是不是终于明白，演讲一个小时后，听众就会厌烦，不会再听了？

回到化妆室后，他问人要会议汇报提要。每个人都说了好话。只有迪蒙泰躲在一旁一言不发，等待着与当事人单独相处的机会出现。很显然，他认为，大会演讲有不少地方亟待改进，不少东西需要重新商榷。入场音乐就很不合适，候选人谈论自己还不够，演讲缺少具体内容，缺少形象体现。后来，他悄悄对我说："我不知道我的建议究竟能派上什么用场，因为到最后，他还是会一意孤行。"

一行人重又出发，前往一个临时包下来的小吃吧。应邀来了三十来个人：有共和国前进运动的负责人，有当地的议员，有民间协会的成员，有一些"小帮手"。但是埃马纽埃尔·马一开始就躲到一个角落里，跟他的一个助手待在一起，为的是了解一下最新消息。我观察到他们俩正在低声说话，像是在做小弥撒。我不禁想到，有五六个人算他的核心小圈子：正是这些人在给他提供情报，保护着他，时时操心着让那些讨厌的、费时的糟糕建议远离他，保证他不偏离基本方向。但有时候，他们也免不了会有一些怪癖，总希望能独自霸占他，唯恐丧失自己的能量和影响力，兴许还沉醉于他们跟

"被选出来的人"的亲密关系。终于,那一番单独谈话结束了。候选人回到众人当中,笑容满面,他跟人们重重地握了很久的手,或者拥抱。而他听着大家的抱怨,如同听到鼓励,没有丝毫不耐烦,而是目光炯炯。

我在一旁跟艾哈迈德聊天。这是一个志愿者,一个友善的办事员,说话时带着浓重的南方口音。他原籍摩洛哥,是严格遵守教规的伊斯兰教徒,在这一行人中多少扮演了候选人妻子的保镖的角色。他对我说:"布丽吉特让我读一读加缪的《局外人》,您知道。读就读吧,可我不喜欢,连个结尾都没有。说到读书,我还是喜欢读律师杜邦-莫雷蒂[1]的书,真的棒极了。"他谈到了竞选活动,对他来说,这才是一出压轴大戏:"我这辈子从来没有喝过一滴酒,但假如埃马纽埃尔在五月七日那天赢了,我将允许自己喝上一杯香槟酒。"当我们离开小吃吧时,差不多是午夜了,夜风温和。

第二天,因为这场竞选活动绝对不会休战,我们就在难堪中渡过了难关。一些共和派活动分子认为他们应该在官方网站上公布一幅漫画,表现的是埃马纽埃尔·马脸上有一个鹰钩鼻(请跟随我的

---

[1] 埃里克·杜邦-莫雷蒂(Eric Dupont-Moretti, 1961—),法国著名的刑事辩护律师。

目光走），嘴里叼着一根雪茄，头上戴着一顶高筒帽。三十年代反犹主义的所有符号都集中体现在这一幅漫画中！哲学家让－吕克·南希[1]说出了他对此的恶心："这就在我们面前，一目了然，这甚至不是一幅画像，而是一种话语，一篇演讲，一份宣言。有人把他看成肮脏的犹太银行家，公开这样做，是为了达到共和派宣称的竞选目的。"政治斗争显然批准了种种卑劣宵小的行为。

此外，埃马纽埃尔·马在他的私人电子邮箱中收到了这样一条毫不含糊的信息："我喜爱战斗中的牺牲。我丝毫不惧怕死亡与监牢。我将像一个真正的人那样死去。"接下来则是种种很明显的威胁，针对的是他本人。早在几天前，总部就已经撤走了，因为人们在那里收到了一个包裹，里头装的是白粉。候选人周围的安全工作得到了加强。他自己声称并没有受到什么影响：这是虚张声势、听天由命，还是勇敢无畏？

兴许，实际上，真正的危险还在别处。而且从第一刻起就存在了，是政治上的，因为他把敌对派的各种人都纳入他的同盟军中。既然他一方面联合了法国共产党前总书记罗贝尔·于[2]，另一方面又联

---

1 让-吕克·南希（Jean-Luc Nancy, 1940— ），法国哲学家。
2 罗贝尔·于（Robert Hue, 1946— ），法国政治家，曾任法国共产党总书记、主席。1995年和2002年都曾参与总统竞选。

合了西方运动前成员和自由主义的赞颂人阿兰·马德林[1]，那么，在一条宽宽的光谱中，种种固有的矛盾将会显得更加鲜明。在第一轮投票之前的那段时间里，他将如何管理他们呢？这个问题被提了出来，尤其因为埃马纽埃尔·马总是太过经常地向"综合法"这一小毛病——这一来自奥朗德主义的温和毒药——让步。他将不太可能畅所欲言，说出所有的正面话和反面话，他总是满足于在每个句子的开头与结束之间放上一个"但是，同时"。

埃马纽埃尔·马意识到，政治大佬的支持，以及关于将来与曼纽埃尔·瓦尔斯联合的传言，有可能危及他声称自己所倡导的革新与更替的事业，于是他就抛出了一个狡猾的说法，既为了缓和大家的热情，也为了解释他并不觉得自己就该感激涕零："我并没有建造一个好客之家。"布丽吉特对此是这样评价的："很逗，不是吗？你想象一下，假如他说'西班牙小旅店'[2]，那又该如何呢？"

在总部，随着投票日期的临近，热烈的气氛日益趋于沸腾。各种会议也明显增加，一个接一个。候选人得不断做出决定，做出仲

---

[1] 阿兰·马德林（Alain Madelin,1946— ），法国政治家，曾创建自由民主党并任主席，2002年参与总统竞选。
[2] 一种俏皮的说法，指的是"一个随时随地会遇上任何人、会发生任何事的奇特地方"。

裁：他必须在短短几秒内确定他是否接受一次旅行、一次主题访问或一次记者采访；他得当即重新安排日程；他得对当下的时事做出反应，整合对手的所有活动进程与倾向，应付那些意外出现的人与事；他得匆匆吞下种种难以消化的笔记，重读种种演讲稿，把它们重新写一遍；他还得留意自家的内务、参加议会选举的党派提名人、资金的进进出出、一些人的精神状态、另一些人的要求，以及所有人的疲惫；他必须读各种满是建议的短信——它们会以一种固定的节律出现在那两部手机上，他或回复或不回复；另外，他还要主动，要一鸣惊人。这就如同一个洗衣机的滚筒永远在不停地转动。

埃马纽埃尔·马实在是很幸运，机会从未抛弃他。最近的一个例子是："上装事件"成了弗朗索瓦·菲永的另一桩尴尬事件。人们指责右派候选人穿的一身行头的价值是最低工资者每月收入的六倍，人们质疑他那个慷慨的匿名赞助人（同样，也质疑可能有的礼尚往来）。布丽吉特对此事则选择一笑置之："我明白他对时髦服装的兴趣！我自己也是，我喜欢穿漂亮的衣裙。"随后，她又变得很严肃，说："它们倒是保护了我，我经常为究竟该穿什么衣服去出席正式宴会而头疼，但是假如有一个高级裁缝能好心借我一条裙子穿穿，那我觉得我还是能够那样做的。"在这番告白的背后，始终有一个关于她的合法性的问题，那同时也是她的年龄的问题。

三月十六日,埃马纽埃尔·马飞往柏林,去会见安格拉·默克尔总理。据媒体报道,德国总理给他提供了一项特权(说白了,是送给他一件漂亮的礼物)。媒体还说,这次访问的目的就是帮助这位候选人完善其总统竞选者的形象。他返回后,我就这件事询问了他。他的回答并不显得很雄辩:"人们还记得,二〇一二年五月我第一次见到她时,我还是我们那位新总统年轻的舍尔巴向导[1]。他就职典礼的那一天,我正好在那架中了雷电的著名飞机上。[2]"要不然呢?"一切进行得很顺利。"他不会多说什么。可能是因为在会面中他什么都没说,也可能是因为从此刻起他就穿上了总统的服装:他不会透露秘密,他并不是弗朗索瓦·奥朗德。

而邦雅曼·格里沃则说得更明白:"在柏林,他们都希望他能获胜。"邦雅曼还对我讲述了抽签情况,那是当着各位候选人代表为三月二十日的总统竞选首场电视大辩论而做的轮次抽签。"实在是简单:我们赢得了一切!告示板上,埃马纽埃尔的名字第一个出现。在辩

---

[1] 舍尔巴人(Sherpas),亦城"夏尔巴人",尼泊尔的菩提亚人的别称,住在尼中边境珠穆朗玛峰附近,以充当登山向导闻名。
[2] 关于这件事,下文中有所提及。见三月底作者与布丽吉特一起在一家意大利餐馆吃晚餐的情景。

论中，他将位于中心位置。而且，他将被指定最后一个进行发言并做总结。很明显，他撞上大运了！"

三月十七日，候选人完成了一次双城旅行，先是去了维莱科特雷，接着去了兰斯。在那里，他应该表达对文化的看法。我跟随他旅行。从格鲁教士街的总部开始，一行五辆汽车就飞速行驶，警笛都鸣响，警灯都亮起，如同在电影中一般。在巴黎的环城林荫大道上，车子就疾行到了时速一百三十公里。到了公路上，时速提高到了一百五十公里。两个大汉一声不吭地坐在前座，一个开车，另一个则从车窗中伸出右手，袖章迎风呼呼作响，做出手势让别的车辆避让，或者对已经避让的车表示感谢（我对此不是很清楚）。坐在我身边的是新闻官员格雷瓜尔，他一个月前加入团队，来自外交部。他早已习惯了正式出行，在好长一段路上都睡得像个小婴儿那般沉稳，我则用手紧紧抓住我头顶的把手。我真不知道，写本书还会遭遇如此险境。开车人的电话响了，手机屏幕上出现了"妈妈"的字样。他一边接听，一边用一只手继续开车。坐在副驾驶座上的那一个则转过身来与我讨论起了即将到来的电视辩论。"有些人认为他还乳臭未干呢，埃马纽埃尔其实很亲切，有很多优点。他们会看到，他是有气度的。这家伙，有三个脑袋瓜呢。"车子继续飞速前行。

在维莱科特雷，当候选人从他的车里出来时，情况一如往常：一台台摄像机蜂拥而来，一个个麦克风如森林般戳起，人群嘈杂拥挤。一些年轻人要求合影。他们兴许不会投他的票，甚至还有可能根本就不投票。他们想要的仅仅是一张照片，可以放到脸书上或者 Instagram 上，获得一些点赞和一些评论。没有人注意诞生于此地的大仲马的雕像，除了埃马纽埃尔·马。他坚持要向"这位混血儿，这位外侨"[1]致敬。远远地，法国总工会在进行一次小小的示威：不到十个人聚集在一条横幅的后面，横幅上写着"谢谢老板"。伟大的夜晚等着我们。埃马纽埃尔·马过去见他们，与之交谈。但他今天可不是为他们而来的：这个城市掌控在国民阵线的手中，是他希望与之较量的极右派。布丽吉特退在后面，竭力想开个玩笑："我们会挨飞来的鸡蛋，可我们没有带可换的衣服。"实际上，她还是有些害怕在敌对方领地上的访问。不过，他们还是很受欢迎的。有两个七旬老人承认，他们在市政选举中曾投了国民阵线的票，并说他们将会在总统选举中投马克龙的票。是不是有什么东西正在发生改变？埃马纽埃尔·马用另一种方式谈到这一点："两个星期以来，我几乎没有再遇到过仇恨的目光。"

---

[1] 作家大仲马为其侯爵父亲与一位女黑奴所生。

一行人随后转向城堡而去。我们走上一条点缀着天使头像的带有拱顶的通道，前去参观一座十六世纪的建筑。它保存得很糟糕，某些部分已经成了废墟。文化部似乎很不关心这件事，它兴许更喜欢卢瓦尔河畔的那些城堡，因为它们十分吸引游客：在通往权力的道路上，无论如何，人们总是喜爱文化的，尤其当它能够带来回报、能够显出美丽优雅时。然而，正是在这个几近风化的城堡中，当年的法国国王弗朗索瓦一世做出了一个历史性的决定：统一王国境内的所有语言，以便只保留一种，即法兰西语。我明白，来这个地方并不是偶然的选择：首先，候选人经常喜爱求助于往昔岁月中史诗般的英雄主义；其次，他希望自己能在这次竞选中占得真正爱国者的立场。此外，他还引用了加缪的话："是的，我有一个祖国：那就是法语。"当你从政时，你得时时刻刻有一句加缪的语录挂在嘴边才好。

我们继续上路，目的地是兰斯，法兰西诸王得到过祝圣加冕的那座城市。啊，多么美好的象征！弗朗索瓦·贝鲁正在当地等着埃马纽埃尔·马：这将是当天的标志性形象。在镜头前一番热烈的握手，我们肯定会出现在二十点的电视新闻节目中。在城市中的闲逛持续了十五分钟，两个人一共走了不到二百米，这都没什么要紧的，在场的记者们很开心：他们有了他们前来寻找的东西。天公作美，阳光明媚，这就锦上添花了。

然而，最有意思的场面似乎发生在后面：一群人围住了候选人的妻子，一些年轻人高喊着她的名字，有人想靠近她，拥抱她。特别是其中有一些女性，数量还很多。她们中有一个高声叫嚷着，说出了一些人的心声："您为我们复仇了，布丽吉特！"不但现代女性很喜欢她（她们认定她具有侵略性），而且传统女性也喜欢她（她们发现她令人安心）。总之，她身上的某种特质大大地超越了政治。

稍晚些时候在大会堂，大会准备开始了。在暖场喜剧演员的一番高谈阔论之后，候选人出场了。他站到了一个蓝白红三色斜面桌的后面，而他身后则是一片蓝色的背景，挂着一面欧盟旗和一面法国国旗。舞台布置无可挑剔。我本来已准备好了要应付沉闷的一小时，但一个小小的奇迹发生了：埃马纽埃尔·马发表了他最好的一篇竞选演讲。首先，他的嗓音更为低沉，更为缓慢，更为庄严。但最重要的是，文化处于——终于——他的言辞的中心。他引用了马克·布洛赫[1]的名言（"谁若在兰斯的国王加冕礼和联盟节的面前还不心动，谁就不是真正的法兰西人"），他

---

[1] 马克·布洛赫（Marc Bloch，1886—1944），法国历史学家，"年鉴学派"的代表人物。

转而反对那些欺骗了夏尔·贝玑[1]（尤其要记住，他曾是德雷福斯派）的反动派，他提到了在德国的战俘集中营中被关了整整四年并在囚禁期间始终孜孜不倦地翻译奥地利哲学家埃德蒙德·胡塞尔作品的保罗·利科，"与被伤害的历史和解"。他还提到了夏加尔、莫迪里阿尼、毕加索，他重温了布朗库西[2]的话语："在艺术上，本没有什么外国人。"他向"被拒绝者、不屈服者、追求解放者"致以敬意。他最后提到了兰波，"追求着他的人道精神，却生活在边缘"。对一个会不时地回想起兰波的人，我实在无法指责他什么。

（另外有一天，他悄悄对我说："我很想成为司汤达、罗曼·加里或者勒内·夏尔[3]，因为他们的生活，因为他们的自由。"

司汤达吗？他在外省度过童年，在巴黎完成学业，过着一种动荡不定的生活。他深爱着意大利、绘画以及女人们，其小说中充满一个个向往浪漫、渴望荣耀的年轻主人公。

罗曼·加里吗？一个具有多重身份的作家，笔下的人物常常处于体制之外。他写过一本书，书名十分完美，就叫《黎明的承

---

1 夏尔·贝玑 (Charles Pierre Péguy, 1873—1914)，法国作家、诗人。
2 康斯坦丁·布朗库西 (Constantin Brâncuși, 1876—1957)，罗马尼亚雕塑家，被誉为现代主义雕塑先驱。
3 罗曼·加里 (Romain Gary, 1914—1980)，法国小说家、外交家。勒内·夏尔 (René Char, 1907—1988)，法国诗人。

诺》。他是一个肯定自己"永远都不会老"的人,并且履行了他的诺言。

勒内·夏尔吗?一个抵抗者,一个持不同政见者,一个叛逆与自由的诗人,如加缪所说,"我们未来的诗人"。)

(而当人们没有成为作家时,人们就希望成为总统吗?)

集会之后,弗朗索瓦·贝鲁和马里耶勒·德·萨尔内邀请埃马纽埃尔·马夫妇去市中心的一家餐馆吃晚餐。我也在邀请之列。

我们就这样被安顿在了某个类似水族馆的地方,一个封闭的长方形玻璃房间中,我们能看到彼此,却听不到对方(巴尔贝克[1]水族馆的现代版本,恰如普鲁斯特描绘的那样:"普通人"处在另外一侧,被拉开了距离)。

我发现了一个生龙活虎的贝鲁,因为常喝一份美式咖啡而显得稚嫩,吃着一份牛扒,爱喝红葡萄酒。

如同可以预料的那样,谈话首先围绕着弗朗索瓦·菲永的话题展开。贝鲁说:"我承认,我什么都没看出来。我根本就无法想象,我离得有十万八千里。我没猜想到他跟金钱竟然有这样的关系。事后,我回想起萨科齐对我说过:'这个弗朗索瓦,他穿的衣服比我的

---

[1] 巴尔贝克是马塞尔·普鲁斯特小说名著《追寻逝去的时光》中的一个海滨城镇,书中有对水族馆的描写。

要贵多了。'这简直就是一语点醒梦中人,振聋发聩啊……"对于和这位右派候选人的所作所为有关的传闻,他公开道出了他的愤怒,他对菲永女儿给出的解释十分愤慨——她还想证实,她已经把她所得补贴的一大部分都转给了父亲。"谁会相信这个归还结婚费用的故事?谁?在哪个家庭中,女儿会把她的结婚费用再还给父亲呢?"这个贝鲁看来真的被这些让他大为惊惧的行为给深深伤害了。(几个月后,他自己也将被各种事件的激流所裹挟,至少是被怀疑的毒药所侵扰。)

人们提到了三天后将进行的第一次电视大辩论。他提供了他的预测,还贡献了他的建议。"人们都在想,您会输得很惨,而我认为正相反,您的赢面很大。您应该表现得有进攻性:不是侵略性,是进攻性。您看看朱佩,他在党派提名初选的辩论上就像小学生被罚做作业一样,完全错了。"

贝鲁对竞选结果表达了他的乐观:"我坚信,您会赢的。"马里耶勒·德·萨尔内更是补充道:"我甚至相信,您在第一轮投票中就会领先。"

埃马纽埃尔·马描画出了他心中的政治图景:"其他政党都在分解。右派变得更为激进,拒绝支持阿蒙的瓦尔斯签署了社会党的死亡证书。"

说到即将到来的议会选举,他依然铿锵有力、一字一顿地表达了他的信念。他回想起密特朗在一九八一年说的话:"你们难道相信法国人会愚蠢到在五月选我为总统，而在六月拒绝让我成为多数派来治国吗？这是明摆着的常理啊！"

实际上，他只担心一件事：未来政府中的左派联合。他梦想着一种卫生隔离警戒线。

最终，我感觉他的情感和支持都是真诚的。人们几乎可以肯定，他完全就是另一位的转世，而这，总是相当感人的。但他难道不是属于昨日世界吗？他难道不是在玩一种多次撞边的台球吗？而一旦奇人当选，这一游戏是不会就此结束的。有时候，人们会相信，像他那样的人——但同样也包括萨科齐、奥朗德或瓦尔斯，会所见略同：马克龙是一种反常，而他们将重新获得权力，或者将保留住权力以及其他形式下的俸禄。他们在某一点上是有道理的：马克龙是一种反常。当我向他指出这一点时，当事人就引用了勒内·夏尔的一句话："瞧（我）多了，他们也就会习惯了。"

三月二十日。离在TF1电视台举行的第一次总统竞选大辩论还有五个小时，围绕着候选人的最后一次团队会议在总部召开。参加的人中有十二个男人，只有两个女人（显然，性别平等只能等到组织政府时再考虑了）。所有人不是配备着苹果电脑，就是带着最新一代的苹果手机：要么是苹果的产品，要么就不是，没别的。所有人都有聪明的脑瓜，对每一个问题都准备好了一个答案。所有人（除了来自已消亡的新闻频道 iTélé 的洛朗斯·安[1]）都对埃马纽埃尔·马亲密地以"你"相称，他看起来也尤其放松。

他带走了一大堆手写的硬纸卡片，还有一张单子，上面列了需要最后润色的地方（尽管他记忆力超群，他还是希望能临时再记一点东西）。

关于两天之前他宣布的重启服兵役政策的问题，他显得颇有些进攻的架势："大家觉得这会耗费掉一百五十亿的基础设施费，必须打消这种论调：我是不会重开军营的！"关于移民问题，关于发给外国人的 RSA 和 AME 项目下的钱[2]，他知道，菲永和勒庞的态度远比他更为明确干脆："在这个话题上，绝不应该表现出膝盖发软。"他在问，他到底应该首先依靠他计划中的哪些优势。答案马上就出来了："结束征收五分之四法国人的住房税，国家负责报销耳科、眼科与牙科的医疗费用，施行新的退休金法。"也就是说，那些具体问题。"谈论具体问题，就是对人们的尊重。"西尔万·福尔如此声称。

那位谜一般谨慎的伊斯马埃尔·埃姆连正是提出最多建议的

---

[1] 洛朗斯·安（Laurence Haïm, 1966— ），法国女记者。
[2] RSA（revenu de solidarité active）是"积极团结收入"，AME（aide médicale d'état）是"国家医疗资助"，都是法国政府为贫困者尤其是贫困的移民提供的社会补助。

人。"在总结发言中,不要过多地攻击财政收支,不要过于坚持两个五年任期的总体清点。你得制订计划,你得展望未来,你得代表一种抱负。你的目的不是狠狠地敲打其他人,而是要表现出你的与众不同。另外,当你提出一项新权利时,你应该把相应的义务也加进去。每一次都要恩威并施,给一巴掌就来一点爱抚。你是一个严肃的人,而不是一个蛊惑人心的煽动家。"负责公关交流的茜贝特说:"不要敲桌子。"邦雅曼·格里沃说:"要微笑。"候选人则以他自己的方式做了总结:"要表现出开心的样子。"

再后来,在走廊中,邦雅曼对我说了他的信念:"这是所有人中最亲切、最能共情的一位,这一眼就能看出来。"我则稍稍有些担忧:"你觉得他已准备就绪了吗?"他微笑道:"很久很久以来,他就已准备好了迎接这一刻。"

午夜已过,著名的电视辩论刚刚结束,我就把自己正慢慢缓和下来却尚有些热乎的印象告诉了他。我觉得,似乎一片混乱,辩论的形式、规模导致无法表达精微的思想;我还觉得,每一位候选人首先都在对着自己的选民说话,而他则想面对所有法国人,有时候,甚至还显得很笨拙;我还补充说,我觉得他不够接近人们所关注的东西:太多的普遍概括,太多的整体合一。不过,他在跟其他候选人的激烈交锋中,尤其是在跟玛丽娜·勒庞的交锋中,处于中心位置(从所有方面来看),表现得很优秀。他悄悄告诉我:"我不喜欢这一辩论,我赞同你的观点。在我看来,我表现得并不算好,但是,其他人都更糟糕。假如我能赢,那也是因为没有更好的选择。人们别无选择!"几个钟头之后,两项民意调查表明,他被认为是最能服人的。

第二天,竞选总统的十一位候选人公布了他们的财产申报。人们得以知道,保护"小老百姓"、代表"真实法兰西"的三位冠军,也就是玛丽娜·勒庞、让-吕克·梅朗雄和尼古拉·杜邦-艾尼昂,是其中最富有的人;而埃马纽埃尔·马——被假设为金钱的候选人、全球一体化金融的走狗,则是一副穷亲戚的模样。好一个颠倒的世界啊!

随后,这位年轻人得到了一个新的重量级的支持者:让-伊夫·勒德里昂最终宣布归附于他。尽管这一消息是人们期待之中的,它还是具有一种引爆炸弹一般的震撼力,让我们这位候选人的可信任度又有所增加。贝诺瓦·阿蒙看得十分清楚,他把勒德里昂的行为形容为"背叛"。他可能忘记了,他自己也尝试过对包括那位国防部部长在内的政府成员进行弹劾。总之,他打算罢免对方的职务(而这完全在他身为议员的职权范围之内)。令他感到奇怪的，是此人并不支持他；而让我感到惊讶的，恰恰是他的惊讶。

离第一轮投票还剩下三十天时间。时下大家一般都觉得，从此似乎再也没有什么能阻止他大踏步走向最高权力了。何等离奇的故事啊！假如半年前有人这样写它，恐怕会遭到人们的耻笑。没有任何出版人会希望如此。他们的结论是，政治并不是小说。结果呢，正相反。

此后，我在图书博览会上又见到了埃马纽埃尔·马。我们根本就没有任何机会谈论文学，因为周围总是有嘈杂的人流，成堆的摄像机、照相机、麦克风让我们无法进行任何交谈。然而，面对你推我搡的人群，以及维持安全的警官（他们不遗余力地赶走那些纠缠的家伙，并预防可能的突袭），他最终选择逗留一会儿，以便就保尔·艾吕雅和费尔南·莱热[1]的话题稍稍闲聊一下。我听到一个记者在问："他在说谁呢？"

跟他寸步不离的女摄影师索亚茜悄悄对我说："你知道，我陪同

---

[1] 保尔·艾吕雅（Paul Éluard, 1895—1952），法国诗人，超现实主义运动发起人之一。费尔南·莱热（Fernand Léger, 1881—1955），法国画家，雕塑家，电影导演。由印象派、野兽派转入立体派。

政治家们已有很长时间了。随着你逐步了解他们惯用的花招，你也就能预判他们的行为了。至于埃马纽埃尔，我必须承认，每一天都是不一样的，他什么都可能做得出来，而且是在任何时候。这就很累人了，但是，这同样也很刺激。"

在线上杂志《蓝灰》上，作家洛朗·萨加洛维奇[1]做了一个很有意思的练习，他把埃马纽埃尔·马写成了菲茨杰拉德式的小说人物：

> 如同菲茨杰拉德……笔下的所有主人公，埃马纽埃尔·马克龙相信自己。相信他那大大的像丽兹饭店一样的幸运之星[2]。相信命运之神真的会照应他，并把他定位在四十来岁的年纪上，漂亮，新鲜，如同年轻的一号主角。相信……运气，而他那分得很开的牙齿就是其最完美的注解。另外，还相信生活中的那种前进方式……坚定不移，沉着冷静……就好像一切都是不言而喻的，就好像……一切都已经写得清清楚楚，没有什么能够阻止他……灵魂之轻……自我之爱……专为幸福而生的精神上的傲慢，然后，同样，还有人物身上那一点点异国情调、神秘暧昧、模棱两可，因他妻子而如此惊人，那种跟一个母

---

[1] 洛朗·萨加洛维奇（Laurent Sagalovitsch, 1967— ），法国作家，博客写手。
[2] 美国作家司各特·菲茨杰拉德曾写有短篇小说《一颗像丽兹饭店那么大的钻石》（1922）。

亲－情人生活在一起的挑战性行为……一段传奇性故事的疯狂体现，挑战着时间、时尚、规矩、惯例……是的，从很多方面来看，埃马纽埃尔·马克龙就是菲茨杰拉德小说中贪得无厌、孤僻性野的年轻主人公，魅力四射的生命……然而，他还得提防着：菲茨杰拉德作品中的主人公最后迟早都会走向毁灭，而且更多的是——很早而不是很晚——在一种不可名状的残酷悲剧中毁灭。……很快，派对就将在一种奄奄一息的生存的幻灭中结束……

在这幅刻画得很生动的肖像中，我恐怕会认出我所认识的这个人的不少特点。我只是被他的结局所困惑：人们恐怕会说，作者是在祝愿他的主人公走向没落。我通常都会提防忧伤的激情与致命的渴望。

我与布丽吉特在一家意大利餐馆吃晚餐，与此同时，她的丈夫正在一架从科摩罗的马约特岛归来的飞机上。她情不自禁地回想起另外一次飞行——那一次飞行，埃马纽埃尔·马自己也跟我说到过，就在弗朗索瓦·奥朗德五年总统任期的第一天，他访问德国跟默克尔总理会见时，飞机遇到了雷电。布丽吉特告诉我："我刚刚离开富兰克林中学，正在地铁上，我的婆婆给我打电话，我接了，我刚好有时间听到这样一句话：'埃马纽埃尔的飞机遇上雷电啦！'我的电话就从我手中掉落，落在了站台上，你能想象我的惊恐，我的崩溃。"我明白，恐惧从来就没有彻底离开过她。

她从位于勒图凯的老家返回，告诉我说，警察们已经来仔细检查过那些地方，为的是在总统竞选可能胜利之际，"确保周围地带的安全"，就如他们所说的那样。她不由自主地意识到，他们的整个生活从此就将乱套，而国家机器，还有安全与礼仪方面的苛刻要求，将会把她控制起来。

她的目光突然变得模糊，变得忧伤。她坦承，一旦成为第一夫人，她就不得不三思而后行了。"我读过那些专门写居于如此地位的女人的书。她们中没有多少人是幸福的，我有这样的感觉。"

三月二十九日。曼纽埃尔·瓦尔斯宣布，他将投埃马纽埃尔·马的票。尽管这个消息在意料之中，但它带来的影响还是不亚于一颗小小的炸弹爆炸的效果。人们回想起，瓦尔斯在最初的提名选举中失败，就转而支持贝诺瓦·阿蒙；而现在，他以戏剧性的方式又一次否定了自己的意见。但是，谁又会对此感到惊讶呢？自希腊悲剧诞生以来，人们就知道，家庭冲突总是要通过流血事件来解决，而遭背叛的那个人，一有机会也会背叛他人。人们还回想到，瓦尔斯总是带着一丝轻蔑，而后又带着一种火气，来看待他的小老弟，总觉得对方欠他很多。因而，这是一种令人惊愕的逆转。只有当形势变得非常严峻时，这位高傲的西班牙人才会忍受这一凌辱。此外，他还指出，正是极右派可能获胜的那种威胁在引导着他行动。然而，人们会不由自主地从中看出某种别有用心：他们想摧毁社会党，以便之后能在废墟上站立起来，渴望在未来总统选举多数票中押上一个砝码，以便能保留一丁点权力。埃马纽埃尔·马没有搞错，他提前宣布了，他不觉得自己亏欠任何人，他希望能带给未来一个新面孔。无论如何，他把这个砝码押给了左派。不能肯定这一定能管事。

（清醒了一下头脑之后，他对我说："瓦尔斯，我并没有恳求他。我不相信他的真诚。我错了吗？他如此定位，为的是随后的一击，为的是做到彻底透明，我想，他可不愿意幸灾乐祸地看到我输。"）

当天晚上，在电视节目中，邦雅曼·格里沃被夹在让-吕克·梅朗雄派的一位女积极分子和贝诺瓦·阿蒙的一位支持者之间，那两个人彼此痛骂了一通，让左派的分裂变得越发明显。他只有坐山观虎斗，坐收渔利了。他调皮地对我说："我不由自主地成了粗俗的仲裁者。"说到底，这番话倒是恰当地定义了埃马纽埃尔·马所处的立场。

然而，在离第一轮投票还有二十五天时，左派与右派衡量了内部分裂是多么致命之后，便不约而同地掉转了枪口，重新把矛头对准了共同的目标：埃马纽埃尔·马。再也没有容纳细微区别的空间，就是一个劲地攻击。对于左派，这是不言自明的：他是右派，是自由派的得力臂膀，是金钱的候选人；对于右派，这也是明明白白的：他是左派，是即将离任的那个可恨的总统的延续（而我则认为，这一位总统，他可并没有那么左倾）。假如要相信始终是一片奉承之声的民意调查，人们真的会说，这两种批评意见尽可以互相抵消了。两枚火箭相撞摧毁的不是它们自己吗？

弗朗索瓦·菲永实在是很幸运，摆脱了自身丑闻的困境，坚信他终于找到了一个很好的攻击角度，就猛力行动起来：他毫不留情地攻击那个所谓的"埃马纽埃尔·奥朗德"。菲永喜欢说别人坏话，完全忘记了其实他自己也一样，也很喜欢为人们提供一些说坏话的把柄。于是，埃马纽埃尔·马出其不意地向对方刺去一剑：跟普罗旺斯-阿尔卑斯-蓝色海岸地区的地方参议会主席克里斯蒂安·埃斯特罗西[1]的一次意外会见。此人是那些认为菲永最好退出游戏（以廉耻的简单名义）的右派人士中的一员，左派当初还支持过他，只为筑起一道抵挡国民阵线的堤坝。我观察着他那狡猾的神态：他很是为自己出手的一击（一箭双雕）而自豪。显而易见，初出茅庐者也很善于玩花招，使阴谋，表现得如同老

---

[1] 克里斯蒂安·埃斯特罗西（Christian Estrosi, 1955— ），法国政治家，共和党人士。

油条，这倒叫人真有些不敢对他使坏了。

四月

在马赛成功举行了一次群众大会之后，第二天，布丽吉特和埃马纽埃尔·马就给自己放假，在当年弗凯亚人居住的这座城市附近稍事休息。连续几个月以来，竞选活动的节奏实在太紧张，在最后一段冲刺之前让自己好好喘口气，养精蓄锐，兴许不是什么太荒唐的事。他们是从吃早餐的屋前露台上给我打来电话的。首先，如同往常那样，我们天南海北地闲聊了一阵。一时间，我也不知怎的，布丽吉特就提到了维亚内[1]，一个二十六岁的年轻歌手。她对他有一种偏爱。我和她有同样的热情，而她的丈夫，则立即不无调皮地嘲笑起他所说的都市纯情少女趣味（当然，他并没有用这样的词语说，但我们理解的就是那样）。他自己更喜欢阿兹纳武尔或哈里戴[2]。我则嘲笑他说："显然，毋庸置疑的是，在你们这一对中，更老派的人原来是你，而且要老上很多很多！"（此外，我的讥讽都是相对的：我确实觉得，他有古典趣味，而他的

---

[1] 比罗·维亚内（Bureau Vianney，1991— ），法国歌手。
[2] 查尔斯·阿兹纳武尔（Charles Aznavour，1924—2018），法国歌手。约翰尼·哈里戴（Johnny Hallyday，1943—2017），法国歌手，摇滚偶像。

妻子则不是人们所期待的那样，她不那么传统，而且并不只是在文化意义上。）

然而，政治离我们从来就不会很远。我们这位候选人重又变得很严肃，对现有的各种政治力量做了一番总结："梅朗雄杀死了阿蒙，这是既成事实。至于菲永，则像是一个已经丢分太多的拳击手，不得不在格斗中投入全部力量，因此，他依然很危险。在他的群众大会上，只剩下公民齐齐运动（LMPT）和日益激化的右派运动中的人。埃斯特罗西本人很为这一极端化的发展而担忧。我相信，菲永的支持率在民意调查中会再度上扬。尤其因为投票日越是临近，选民们就越会回归组织。假如他的票数跟我接近，我倒认为有一个好处：这将会带来一次有利于我的新动员。到最后，我反对他的论点将是：如果一个人属于特权阶级，他当然没有资格要求大多数人做出牺牲。"这一点也就够了吧？

四月四日。我在总部跟候选人共进午餐，以便准备总统竞选的第二次电视辩论。

当我来到现场时，我跟每一次一样，不禁又被这里跟蚂蚁窝一样的状态惊呆了。有很多年轻人在四处走动，办公室乱糟糟的。东一处西一处的非正式会议，显得有些无拘无束，却又被这地方的严肃氛围所中和。人们大多站着说话，背靠隔板，手里拿着一个杯子，我猜想，这大概很劳神，我朝"头儿"的办公室走去。

在午餐桌子（临时由会议桌拼凑而成，上面摆放着一些盛菜的盘子）周围则是共和国前进运动的团队，外加马里耶勒·德·萨尔内、弗朗索瓦·贝鲁以及一个电视记者。贝鲁最先开口："您应该感到幸运，能参加这一辩论，能抓住提供给您的宝贵机会。您不应该表露丝毫厌倦。相反，必须显示出强劲的气魄，让人看清楚您是谁。"记者则强调道："很多人对您有所质疑。您必须让他们打消这些疑虑，那些依然会阻碍投票的东西。"马里耶勒·德·萨尔内也接着话茬说："您应该主动出击，应该跟人们想到一处去。"伊斯马埃尔·埃姆连指出了威胁所在："对那些不起眼的候选人，不要表现出优越感！"

于是，埃马纽埃尔·马展示了他构思的开场发言。有人给出了评语。记者说："太长了。"萨尔内说："太古典了，而且您谈自己的内容也太多了，应该多谈一些法国人。"贝鲁明白对话应采取什么措辞方式，但他也叙述了曾启迪他的开场白的一切，便引用了克列孟梭[1]的话，不过也许那是弗朗西斯·布朗什[2]说的："一头骆驼是什么，它是由一个专家委员会画出来的一匹马。"然后，他说得更为直率："您应该说'不能再这样继续下去了'。您介绍自己，因为以前机会全被堵塞了，烂掉了。就是这样。"埃马纽埃

---

[1] 乔治·克列孟梭（Georges Clemenceau, 1841—1929），人称"法兰西之虎"或"胜利之父"。法国政治家，曾两次出任法国总理。
[2] 弗朗西斯·布朗什（Francis Blanche, 1921—1974），法国演员、歌手、作家。

尔·马则说:"我要使用'决裂'这个词吗?迄今为止,我说的一直是'更迭'。"记者说:"一定要强调未来,强调乐观主义。"埃马纽埃尔·马安慰他:"我就表现出坚定的信心,斩钉截铁。我知道该怎么说不。"所有人都认为,应该言简意赅,不一定非得用完给定的全部时间。

关于辩论的实质和主题,大家马上就达成了一致。"必须十分具体,公布一些措施,解释种种建议。每次都要从人出发,给出例子。"一种模式被不断重复:"能让人明白的人,就是让人放心的人。"

对手可能发出的种种攻击都被提了出来。埃马纽埃尔·马知道他将反驳菲永什么。"假如他还那么没完没了地把我叫作埃马纽埃尔·奥朗德,那我就将提醒他,我已经走人了,我已经辞职了,我已经决裂了。他却一直留到了最后,他屈服了,他忍气吞声,自取其辱。而且鉴于相关的种种事情,我倒是完全可以把菲永唤作弗朗索瓦·巴尔卡尼[1]。"假如玛丽娜·勒庞在爱国主义的问题上攻击他,他也知道该怎么回答。"我,我来自一个坟墓遍野的地区。民族主义,那就意味着战争。"

他在一丝微笑中总结道:"我很清楚了!"而对此,贝鲁也带着同样的微笑反驳道:"这正是那种典型的不能让人放心的

---

[1] 可能指帕特里克·巴尔卡尼(Patrick Balkany, 1948—),法国政治家,国民议会议员,共和党人,他有匈牙利、拉脱维亚和乌克兰的犹太血统。

句子。"

我后来看了辩论,也终于意识到,准备会议其实并没有起到什么作用。

当事人的解释是:"我觉得我完成了工作,做得还算不错,但总体上有些无聊,是不是?"

(后来,他稍稍有所醒悟。"我没有多少感觉。实际上,我有些讨厌这类练习:太程式化了,而我只有挨揍的份儿。硬让我总结的话,我有很多次输的机会,可我没有输。")

我有一种印象:正当其他候选人在描绘一个凄惨的、疲软的法兰西,恋恋不舍于早已不再的辉煌,愤怒地谈论着法兰西人,并建议堵塞窗缝、闭门不出时,他却是唯一一个使用"希望""未来""开放"等词,并高声宣扬乐观主义的人。听着他的讲话,我不由得想起了阿尔贝·加缪的那句话:"更喜欢幸福是没什么可难为情的。"

离第一轮投票还有两个星期,民意调查突然显示出一种明显收紧的趋势。勒庞与埃马纽埃尔·马领先,但有些跌落,而菲永则潜伏在伏击圈中,梅朗雄也实现了一种魔幻般的东山再起。这些都是我跟两个人谈论的话题，一个是帕特里斯·迪阿梅尔[1]，法国电视台的前总经理，另一个是于贝尔·韦德里纳[2]，法国外交界的前头领。他们俩的预测是截然相反的。迪阿梅尔似乎坚信，梅朗雄到头来将完全击溃阿蒙（"还想投他的票，这对左派又有什么用？"），因而，能够胜利进入第二轮。而韦德里纳则认为埃马纽埃尔·马会胜出。"这是四人之中唯一一个选民们没有理由不投票给他的人。"

就是在这样紧张的形势中，埃马纽埃尔·马前往贝桑松召开群众大会。

我又在巴黎的里昂车站见到了他。我发现他脸色有些不太好：是因为日积月累了太多的疲劳，还是心中疑虑重重？坐在热得叫人窒息的高速列车上，他谈到了自己的目标："打击直接的对手，重谈基础，让选民凝聚起来。"他在一丝微笑中补充道："现在，我们再也不抓人了。"我意识到，从一开始就有立场清晰的仁政，就像是一句符咒，一种根本差别，如今已经不那么完美了，如同翅膀上压上了重重的铅。

---

[1] 帕特里斯·迪阿梅尔（Patrice Duhamel, 1945— ），法国记者，是另一位著名记者阿兰·迪阿梅尔的弟弟。
[2] 于贝尔·韦德里纳（Hubert Védrine, 1947— ），法国外交家和政治家，社会党人，曾任外交部部长。

克里斯托夫·卡斯塔内[1]，候选人的发言人，似乎从他的目光中看出了那种对混杂的新趣味。我很喜欢他，这个卡斯塔内留着一副修剪得整整齐齐的大胡子，装出一种并不轻视挑战的帅小子的模样。必要时，他比谁都更善于拿捏出一种拐弯抹角的委婉表达，以求让对方明白，而实际上，他是在跟对方传道。我喜欢他，还因为他似乎喜爱政治，而且他在竞选活动中感觉如鱼得水。这是一个好伙伴，也是一个在斗争中值得信赖的好家伙，他很了解他的左派。埃马纽埃尔·马并不是平白无故选中他的。

他们在一起谈到了梅朗雄的危险。候选人努力表现得更客观一些（是为了自我安慰吗？）："梅朗雄会在心理上崩溃。他会害怕。他将成为一种拔风助燃、绝地反弹的牺牲品。"我由此推断，当他坐上民意调查的头把交椅时，当他的当选变成一种严肃的假定时，他本人也确实感受到了这种畏惧和眩晕，而他必须强迫自己，激励自己，才能咬牙爬上斜坡。

我和他说起了或许可能的"之后"。他对我保证，他"对总理一事还没有下定最后的决心"。然后又补充道："但最好是个年轻人。"我明白他脑子里已经有个名字了，但他不想告诉我。当我问他有没有可能赢得议会选举的多数票时，他一开始东拉西扯地说一些牛头不对马嘴的话（"总统选举会产生冲击波，给获胜者的赠品嘛"），然

---

[1] 克里斯托夫·卡斯塔内（Christophe Castaner, 1966— ），法国律师，政治家，曾担任政府发言人。

后才回到基本问题上来。"但是,我们还远没有到那一步呢。首先,第一轮,四月二十三日。凡事皆有其时,得一步一步来。"不确定性占了上风。看起来,比赛似乎难以掌控。

我们来到了现场,一个车队把我们带到了集会地点,我们直接走向后台。我们在那里见到了当地的市长让-路易·福斯莱[1],还有弗朗索瓦·帕特里亚[2]——他从第戎赶来,还有一些当选的地方参议员。他同他们一起感受着热情。可称之为返回故乡的参赛者的,恐怕只有第戎市市长弗朗索瓦·雷布扎门[3]了,此人提出了一种纲领性的政府协定,其实是在用其他方法继续传播奥朗德主义。埃马纽埃尔·马漫不经心地听着。他似乎认为,那只是一些"抱怨"。他在我耳边悄声说:"这是《人间喜剧》,只是文学性还差点。"茜贝特在一边审读着一篇将发表在地方某大报上的谈话录。她跟其中的一句话较上了劲。"这有些不太清楚,这里。我没明白。"于是,他重读了一遍,并开玩笑说:"怎么不清楚,很清楚嘛!"但她坚持道:"必须重新考虑措辞。"他则毫不松口。真是两个孩子。斯特拉斯堡的共和国前进运动女代表人被邀请来发表意见,她则说她发现了一种退

---

[1] 让-路易·福斯莱(Jean-Louis Fousseret, 1946—),法国政治家,共和国前进运动人士,贝桑松市市长。
[2] 弗朗索瓦·帕特里亚(François Patriat, 1943—),法国政治家,原是社会党人,后转向共和国前进运动。
[3] 弗朗索瓦·雷布扎门(François Rebsamen, 1951—),法国政治家,社会党人,第戎市市长。

让，一种朝疑问的转向。埃马纽埃尔·马对此并没有给予充分的注意：他错了。

　　大会开始了，会场挤得满满当当，但气氛有些凝重。至于演讲，则有些不太连贯，有太多的重复、喘息，显得支离破碎。很明显能感到他有些疲惫。（布丽吉特提前出发去了比利牛斯地区，第二天，她会在那里等着我们的候选人。我跟她通了电话，她有些激动："他的日程安排得太紧了。他根本就不听劝，我都有些怕他了。"）让-马克·迪蒙泰参与了所有的旅行，无疑是最热心的粉丝，同时，他也是最直截了当，最持批评意见的："您的灵气表现得不够。必须回到'征服''希望''抱负''能量''才华'这样的词上来。有一些顽固的说法要删去，例如：'所有的女性、男性''我们携有的计划''对了，正是如此'。而且，这同样也是一场拳击比赛，好好地打吧！贝鲁通过狠揍一个小孩，已经取得了好多点数，这很令人沮丧，但事情就是如此。朱佩太隐蔽了，没有赶上这波浪潮。"

　　夜幕降临之际，我们又坐车出发，出城去一个商业中心休息一下。我们进了一家烤肉餐厅，准备吃个饱（"我可实在是饿坏了，我中午就吃了半个三明治"）。正在就餐的顾客们看到"电视上见过"的候选人进了餐厅时，一下子都还没有回过神来。这个场景在他们看来似乎有些超自然，这谁都明白。一些人走过来鼓励他，另一些人故意躲在一边，不肯过来。他跟人们握手，摆姿势让人拍照。他美美地吃了一块厚厚的牛排,喝了好些红葡萄酒。

夜色中,我们继续上路。汽车在荒凉的高速公路上开到了时速一百八十公里。他给人的印象有些太操劳,有些不满足。他审读了第二天晚上要在波城演讲的发言稿,做了笔记,查阅并回复了邮件。突然,他说起了巴涅尔-德比戈尔——上比利牛斯省的一个镇。他将在那里稍事休息,然后赶往亨利四世之城——波城。"我的外祖母玛奈特[1]就是那里的人,她就埋葬在附近,她是四年前去世的,整整四年了,几乎一天都不差。"说着说着,他的目光迷茫了。四周一片寂静。我感觉他很激动,非常激动。兴许,这还是第一次。

车窗外,掠过一根又一根电线杆,一片黑暗。

第一轮投票临近了,只剩下九天时间。气氛在不知不觉地改变着。一种可怕的怀疑渗透进来。共和国前进运动的队伍从"我们可能会赢"走向了"我们可能会输"。而当他离目标那么近的时候还会失败吗?

埃马纽埃尔·马正忙于准备预定于下个星期一在巴黎贝西体育馆举行的大集会。"我要亲自好好写我的演讲稿,因为我对最近的那

---

[1] 玛奈特(Manette)是马克龙的外祖母热尔梅娜·诺盖斯(Germaine Noguès,1916—2013)的外号。前文中对他的外祖母有所提及,她是个教师,当过中学校长。

些稿子都不太满意。"我猜他有些精力过剩。这是神经质的最初征兆吗?

与此同时,布丽吉特告诉我,他们猜想菲永阵营一定会施展什么阴谋诡计。"他们什么坏话都说得出口的,他们甚至会说,埃马纽埃尔或许在巴拿马或开曼群岛拥有一个银行账户!"对此,她想努力挤出一丝笑容来,但没能成功。我想,这一恶意猜疑让她颇有些窘迫。她补充了一句:"无论如何,埃马纽埃尔从来都没有想过,菲永会是一个讨人喜欢的家伙。私下里,他把他叫作路易十一[1]。"而路易十一,人们给他起的外号是"万能蜘蛛"(人们恐怕可以把它翻译为"大蜘蛛"),影射的是他的狡猾与阴险毒辣。托马斯·巴赞[2]主教曾这样写到过他:"他是非同一般的大骗子,从这里到地狱,无人不知,无人不晓,是一帮可爱人民的可恶暴君。"

有关海外账户的谣言应该到处流传开了,有了好几个版本,因为在推特上,一个通常消息渠道很规矩的记者发布了这样一条谜一

---

[1] 路易十一(Louis XI, 1423—1483),法国国王(1461—1483年在位),他喜爱玩弄阴谋手段,同时代人管他叫"蜘蛛国王"。雨果在小说《巴黎圣母院》中对他有过描写。
[2] 托马斯·巴赞(Thomas Basin, 1412—1491),法国天主教神父,用拉丁语写作的法国编年史作家。

般的信息："马克龙这一星期将挨上一枚臭气弹。而达到这一水平的，就该叫作化学武器。"

复活节的那个星期日，马克龙夫妇在自己家里度过。这是忙碌的竞选过程中最后的休息阶段，是在私密小巢中的必要休整。布丽吉特给我打了电话。她一开始就开起了玩笑："你会满意的，我们没有去做弥撒！"我脑中立即浮现出画面：我想象，即便是在这个神圣的节日中，她也会制造一种混乱。于是，我半开玩笑半惊慌地说："离第一轮投票只有一星期的时间了，的确，最好还是避免一下此类的事……"于是，她又变得严肃起来："你还记得吧，埃马纽埃尔是十二岁时要求领受洗礼的。而且，你别忘记，他中学时常常接触耶稣会的神父！今天，他反倒有些无神论者的味道了。而我是在宗教环境中长大的，因而也是在敬畏中长大的。你知道吗，敬畏一直留在我的心中。"

一个文学批评家朋友告诉了我他的预测："所有总统选举都会有惊喜。那么，为什么这一次就一定会摆脱规则呢？我并不排除第二轮选举会是菲永对阵马克龙的可能性。既然人们从一开始唯一没有想象过的就是，玛丽娜·勒庞在第一轮之后会被淘汰。"

在一点上（至少在一点上）他说得有道理：总统竞选从来就不会缺少惊喜。当初，谁想到过，一九六五年戴高乐将军会碰上无结果的投票¹？一九七四年，竟然会有一次要靠终点冲刺照片来确定胜负的选举？²一九八一年，竟然会是弗朗索瓦·密特朗获得了最后胜利？而就在三个月之前，这还遥遥无期，令人根本无法想象。一九八八年和一九九五年，民意调查中最有人气的候选人最终竟然落败了（一九八八年是雷蒙·巴尔，一九九五年则是爱德华·巴拉迪尔）？还有，谁会想到，二〇〇二年，让-玛里·勒庞竟然能进入第二轮选举？而在二〇〇七年，塞戈莱纳·罗亚尔竟然能作为社会党的提名人参选呢？再有，在二〇一二年的竞争中，多米尼克·斯特劳斯-卡恩居然会在令人难以置信的条件下遭淘汰？人们简直可以说，所谓的预测都是用来被推翻的。

随着投票日期的临近，我越来越经常地问自己：埃马纽埃尔·马究竟在想什么呢？他相信自己吗？他是不是被犹豫给困惑住了？他是在担忧会输，还是在担忧会赢？他是不是被挫败感打败了？失望？惬意？严肃？我不会问他这些问题。他恐怕不会回答，要回答也是顾左右而言他。他不是那种会展露自己内心思想、希望或者恐惧的人。同样，也不是那类善于反省自己的人，

---

1 所谓"无结果的投票"（ballottage），即首次投票中无一候选人获得超过半数的票。
2 当时，总统候选人吉斯卡尔·德斯坦以50.81%得票率的微弱多数险胜蓬皮杜，当选总统，情形犹如短跑比赛中冲刺时多名选手几乎不分上下，要靠终点冲刺摄影照片来确定最终成绩。

兴许。

（写到这里，我又不禁想起来，有一天，我问他，他偏好什么样的文学作品，他几乎不假思索地说出了安德烈·纪德的《地粮》，这首献给生命、自然、欲望的颂歌，这篇关于某种超越了道德规范与社会约束的享乐主义的辩护词。在这本书中，纪德写道："任何生命都能赤裸，任何激情都能盈满。"我记得当时我曾这样想：这可真是一种惊人的选择，它来自这样一个人：他当然激情满怀，充满渴望，勇敢果断，但他同时也给自己强加了某种禁欲主义，有时候会隐瞒或者指责自己内心深处的情感，从来不让自己真正地迈开大步前进，而是抑制着几乎所有一切。我的惊讶今天依然存在，因为，从某些方面来说，人依然是一个锁得死死的保险箱。书本会不会向真正的生活复仇呢？）

四月十七日。在蒙特卡洛电台的广播讲话中，他扫清了自己地盘上的地雷，拆除了即将爆炸的炸弹的引信，他走在前头，展示了人们在他的金钱、财产问题上该知道、该明白的一切。至于其他人，如果说他们已经像恶狼一样走出了树林，那么他们将带着一脸的狡猾神态。不过，我总觉得他们会一直留在那里。

随后，如同提前宣布的那样，他在巴黎的雅高体育馆召集了他规模最大的竞选大集会。两万人在馆内，一万人在外面。在梁跨的开间中,我认识了他的母亲弗朗索瓦丝·诺盖斯。她当即就向我倾诉了她的焦虑。"埃马纽埃尔·马说了:'什么都不要再读,什么都不要再听,什么都不要再瞧,不然的话,你会遭殃的。'我知道他是想保护我,但我实在不能听从他。我毕竟还要瞧一瞧。事态真是暴烈!好的,我不再读博客或者评论了:纯粹是一派恶毒的胡言乱语,人们口无遮拦、毫无禁忌。您知道,我没有想象到会引发如此的暴力。我向您承认,我很惊讶他居然能够扛住这些。在我眼里,他是一个敏感的小伙子。尽管我也看到,他已经变得坚强了。"

埃马纽埃尔·马做了演讲。他满怀激情地谈到了法国,谈到了未来,仿佛又成了阿尔科莱桥上的波拿巴[1]。他很棒,得到了民众的支持。

活动成功结束后,我在后台找到他。他没有丝毫疲态,还是那么激情澎湃,显然对自己刚才在舞台上的表现感到满意。弗朗索瓦·贝鲁送上他的赞扬:"这是属于您的布尔热(影射的是二〇一二年奥朗德的那一次'创始者'大会)[2],而您成功了!"丽娜·雷诺[3]拥吻了他:"我太喜欢了!但你知道这只是我参加的第

---

[1] 阿尔科莱桥在意大利北部维罗纳附近,1796年,拿破仑·波拿巴指挥的法国军队在此与奥地利军作战,法军采取大胆的包抄策略,切断奥地利军队的撤退线,取得胜利。
[2] 指的是弗朗索瓦·奥朗德2012年1月22日在布尔热召开的总统竞选大会上发表的竞选演讲。
[3] 丽娜·雷诺(Line Renaud, 1928—),法国歌手、演员和预防艾滋病活动家。

二次大会,第一次还是跟希拉克在一起,那已经是二十多年前的事啦。"她仿佛重新焕发了青春。弗朗索瓦·帕特里亚简评道:"有深度,有激情。"只有布丽吉特躲在一旁,发出了几声低沉的半音:"还是太长。不够尖锐。"我倒是希望,她永远不失这种苛刻。

至于他和我,我们则躲到了一边。"我要向你承认,半个月来,我感受到一种沉闷的重压,头脑中有一种孤独感。我一直在问自己,是否还将继续放松。我感觉昨天是一个转折。跟人们在一起时,已经有了一种化学反应。正因于此,我今天谈到了命运。"

要用六天多的时间,才能知道他说得对还是不对。

当天晚上,他在TF1电视台的新闻节目中做了他的最后一次视频亮相。他表达得可谓清楚且尖锐。然而,在回答一个关于安乐死的问题时,我感觉到他的内心有些动摇,仿佛被某种激情所左右。我竭力猜测个中理由。后来,他对我做了肯定的回答:"是玛奈特(他的外祖母)的形象萦绕在我的脑际。各人自有各人的魔障。"

竞选活动最后阶段的奇特之处在于,人们焦急地盼望着它快点结束,它已经持续太久了,然而,时光似乎并没有前移,人们以为他们永远都到不了那个著名的星期日，那个人们已谈论得太多、所有选择都将被揭晓的日子。

我利用这个机会，好好审视了一番关于这一竞选活动的种种说法。有的说，它没能帮助我们列出一份清单来（既然胜出者躲开了）；有的说，它宣告了"虚伪与阴谋的统治地位"（按照塔尔纳克集团[1]成员的说法）；有的说，它以"基准的动摇、愤怒、恐惧、失望，当然还有种种事件"为标志（这一分析出自《观察家》的老板）；有的说，它"很难闻"（这是弗朗索瓦·奥朗德的原话）。确实，人们的凶残和刻薄达到了一个令人难以置信的水平，人们苦于要跟事实、真相做很多很多的调和。同样，人们真切见证了那些曾构建起五十年来政治生活的政党的分崩离析、衰老没落。最后，一些替罪羊确实被指定遭到公诉：移民、伊斯兰教徒、法官、公务员、工会、富人、记者，还有一些我兴许忘记了的人。

此外，我还审视了这一战役给一个个家庭和一群群亲朋好友造成的伤害（而随着投票日的临近，这一切显得更为剧烈）。你会对我说，这不是什么新鲜事了：所有的竞选对决都充满了敌意，加深了嫌隙。人们互相争吵、争辩，然后互相斥骂，有时候还彼此宣战，人们甚至坚信彼此永远都将无法和解。纠葛变成了压力，分歧变成了差别，纷争变成了不和。然而，在今年，分裂似乎已经到

---

[1] 法国的一个极左组织，被怀疑牵涉2008年11月发生的铁路线的破坏案。塔尔纳克（Tarnac）这一名称借自科雷兹省的一个小镇。

了一个里程碑式的节点，兴许还更严重了，因为所有的基准都动摇了，所有的归属关系都乱了；分裂更严重了，还因为媒体与社交网络的反响也越来越鼓噪了。因此，当那些梅朗雄派人士被怀疑耍了国民阵线的把戏时，他们反驳说，由"金融候选人"所代表的危难至少也同样大。阿蒙派人士被恳切地邀请进行策略性的投票，但恰如塞甘先生的山羊[1]，他们一味坚持自己的价值，拒绝屈膝投降。菲永派指责朱佩派背叛了自己的阵营，屈服于报刊舆论对其捍卫者所提起的诉讼。一些抱持坚定信念者跟被他们认定为某种集体幻觉的牺牲者作对。而这些嫌隙经常出现在家庭内部，或者让同伴友谊受到严峻的考验。兴许需要更多的一点时间，让彼此拉开更大的距离，才能把怨恨抛进河里，克服心中的怒气。因为，在这背后起作用的是某种深含隐情的、不可名状的东西。理性已经迷路，剩下的只有活生生的情感。

其后果：犹豫和踌躇保持在一个很不正常的高水平上。有调查显示，选民的参与率在下降，我们的民主似乎病了。然而，事情并非尽然如此。如果人们从新闻频道、广播演讲、电视辩论的收视和收听率来判断，那么，选民的兴趣则从未如此高涨过。如果人们考

---

[1]《塞甘先生的山羊》是法国作家阿尔丰斯·都德的一篇小故事，讲的是塞甘先生家的一只小山羊酷爱自由，偷跑到山上漫游，并勇敢地和狼搏斗，直到精疲力竭地倒下，被狼吞吃。

虑到四个候选人都有资格入围第二轮选举，那么就能从中推断，所提供的选择从未如此多样化过。如果人们观察到一个毫无经验的四十岁的家伙将有机会成为总统，那么大家会说，在法兰西王国中，某种东西兴许已经变了。

第一轮投票倒计时第三天。不确定还在持续。我与布丽吉特谈话。她确实提及了决定命运的那一天。"我们将于十八点左右到达总部。必须准备两份演讲稿，一份庆贺胜出，还有另一份。"她开玩笑道，"他会写第一份。你能不能写一下第二份呢？"我猜想，她已经被眩晕攫住了。这将是孤注一掷。从此，她对这一点有了充分的意识。

从我这方面来看，我在想，历险正在走向结局，因而我的这本书也就临近尾声了。不论结果如何，只剩下不多的几十页要写了，而且马上就将写完。我已沉浸其中好几个月的那口奇怪的大锅就要停止沸腾了。平静就要复归。这一情境所特有的激动很快就要结束了。正常的生活将得到恢复，而我担心它会显得稍稍枯燥无味。

倒计时第二天。恐怖主义重又来袭，在最后的阶段。一名警察在香榭丽舍大道上被击倒，伊斯兰国立即承认对此次事件负责。这是一场见惯了暴力的竞选活动中最后的戏剧性一击。这次卑鄙无耻的袭击导致一名治安警察丧生,群情为之愤慨。之后,辩论聚焦在了一个问题上:这一事件会给第一轮投票结果带来怎样的冲击?人们记得,在二〇〇二年,退休老人瓦兹先生[1]被暴徒打倒在地,面目全非的形象在电视新闻中广为传播。那无疑为雅克·希拉克带去了决定性的优势,因为他曾把安全问题定为他竞选纲领的核心;同时,那个形象也给让-玛里·勒庞带去了好处,因为这就是他的营业资产。人们同样还记得,在二〇一二年,穆罕默德·默拉[2]犯下的罪行引起了普遍的震惊与厌恶,却并没有动摇整个选举阵线。埃马纽埃尔·马以他的方式简述道:"没人知道它是不是会产生影响,反正我不相信。"

他的顾问邦雅曼·格里沃倒是更加肯定:"这不会改变任何事情。可惜,法国人早已习惯了此类恐怖袭击,不会再引起什么轰动了。再说,这并不是一次大规模的杀戮。"他仍然认为:埃马纽埃尔·马会胜利进入第二轮,接下来,他要对决玛丽娜·勒庞。那么,梅朗雄呢?"他走投无路。"至于菲永,他认为:"一月份,在各种事件发生之前,他就只有二十四个百分点。我实在看不出他怎么就不会在这个要命的阶段再丢四个点。到最后,他的得分将低于百分

---

[1] 保罗·瓦兹(Paul Voise, 1930—2013),是一个法国退休老人,2002年法国总统大选最终投票之前,他遭到不明身份的人的入室抢劫、殴打,歹徒还烧毁了他的房子。
[2] 穆罕默德·默拉(Mohammed Merah, 1988—2012),阿尔及利亚裔法国恐怖分子。他自称是"基地"组织的成员,于2012年3月中旬在图卢兹连续制造了三起枪杀案,造成七人死亡。

之二十。"

在会议室,埃马纽埃尔·马被他的合作者团团围在中央,正准备他的发言稿。他在稿子中放入了太多微妙的东西,太多复杂的句子,以至于我都想帮他修改了。公关联络官员西尔万·福尔说得很明确:"你应该诉诸本能,诉诸想象力。你应该像戴高乐那样,或者像朱庇特那样。"候选人表示接受,很想表现得雄赳赳气昂昂,以摆脱人们对他或许有的宽容放纵或缺乏经验的指责。在他的发言(确实,很庄严)之后,一个顾问为他简单小结道:"这一悲剧实际上可能给你提供了一个机会,让你把自己放到王座上。"

当天,稍晚些时候,埃马纽埃尔·马跟被害警察的同伴通了一次电话,不过此事并没有声张。关于这一点,他对我说:"值得尊敬,但令人震惊。"他没有拖延太长时间,出于谦逊,也出于得体的考虑。他的话让我联想起另一些话,那是弗朗索瓦·奥朗德说的:"死神就居于总统的办公室中。"假如半个月之后,埃马纽埃尔·马成为总统,那么,他就得跟死神生活在一起了。当他打发男人与女人去战斗时,或者当他指定一个目标靶心时,他将部署的就是这一死神;当他给鳏夫寡妇们报信时,他将宣布的就是这一死神;当他犯下无法挽回的错误时,他将碰上的就是这一死神;当他承担起一种威胁时,他将承担起的就是这一死神,因为,他自己就将成为一个靶子。他声称已经准备好了。我担心他大意了。我们并没有准备好对付这些,尽管我们都已思考过,尽管我们都已把它纳入我们的范围内。只有事情真正发生之时,人们才知道该(或是不该)怎么做。

倒计时最后一天。时间悬停了。任何人都不再有权在电视上、广播中谈论选举,然而,人们所思所想的只有它,它占据着所有的谈话,充斥着所有的思考。倒计时接近终点。此外,每个人还在猜测,第一轮选举的结果几乎能确凿无疑地揭示最终获胜者的身份。在法国人对"判决"的期待中,到处弥漫着可怕的无力感。明天,他们的评判就将是唯一算数的东西。

四月二十三日,星期日

不到十三点时,布丽吉特就给我打来了电话。她说他们已经上了车,正朝巴黎的方向驶过来,没有在勒图凯吃午餐,因为人群实在太密集了。她说:"我丈夫很想停下来,在高速公路索姆河河湾那边的某个服务区,你觉得合适吗?"几个钟头之后,这个男人兴许就走在通往最高权力的路上了。

十七点。在格鲁教士街的总部,气氛十分紧张,尽管还是乐观主义占了上风。刚出炉的民意调查结果在私底下悄悄传播,或者更确切地说,出现在人们的手机屏幕上。但每个人都知道,这些消息兴许并不那么可信。即将负责向候选人宣布得票情况的德尼·戴尔马[1]请人们少安毋躁："流传的那一切没有丝毫价值。让我们耐心等待吧。"在二〇〇二年，他就已是宣布候选人若斯潘落选的通报人之一了。那一次的事至今还留下一些痕迹。

他解读着参与投票的人数情况，数字最终比人们预计的要大。"有人曾声称，选民们对这次竞选不怎么感兴趣，现在真相大白了吧。是的，以前确实有过态度不明确，但那绝不是不感兴趣。"

十八点。邦雅曼·格里沃开始向不知道什么人大声说："假如今天晚上我们领先，那么我已经准备好了我将在二十点钟时贴出的推文：那就是妮娜·西蒙[2]的歌《感觉很好》。其歌词为：It's a new dawn, it's a new day, it's a new life。[3]"他说他坚信，"世界看法国的眼光将改变"。稍稍带一点抒情并不会有坏处。

至于公关联络官员西尔万·福尔，他则有些紧张和疲惫。"我讨厌等待，而且我也讨厌惊喜。"该是这场竞选活动结束的时候了。

十八点十五分。弗朗索瓦·贝鲁下了车。他一下子变得很轻松。"我做了一个预测：埃马纽埃尔将达到二十五个点，而菲永则在二十

---

[1] 德尼·戴尔马（Denis Delmas, 1961— ），法国国立工艺学院校长。
[2] 妮娜·西蒙（Nina Simone, 1933—2003），美国女歌手、作曲家与钢琴表演家。
[3] 英语，意思为："这是一线新的曙光，这是一个新的日子，这是一种新的生活。"

个点以下。"而欧洲议会的女议员西尔维·古拉尔[1]带着一小袋哈瑞宝小熊软糖正到处转悠,见谁就想送谁糖吃:"今天晚上,我们将吞吃共和国的鳄鱼。"

十八点四十五分。有个声音传来:埃马纽埃尔·马到了,他在办公室安顿下来(他可以通过一个专门的入口进入)。我过去找他。他了解最初的动向。但他始终保持谨慎,等待一小时之后的票数估计。我说:"你感觉如何?"因为,说到底,也就是这个问题靠点谱了。他微笑道:"这是天真的终结。"他品尝着其中的滋味。"谁又会相信呢?这么说吧,是我们!"我看到他脸上挂着凝重的快乐。

他已经豁了出去。"假如我达到了二十四个点(他最终将达到二十四点零一个点),那我就让右派危险地摇晃起来了,我就能够重构法国的政治生活了,我会让那些家伙为他们的行为负责。"

随着决定命运的那一刻越来越近,他也全身心地沉浸在新闻消息中:他将进入第二轮,他将在第一轮中保持领先。他咧嘴微笑着对我说:"你还记得安德烈·杜索里埃[2]在《沼泽地的孩子》中说的话吗?他总是说:'何等的历险啊!'而其他人则异口同声地重复这一

---

[1] 西尔维·古拉尔(Sylvie Goulard, 1964—),法国政治家,曾任国防部部长。
[2] 安德烈·杜索里埃(André Dussollier, 1946—),法国演员,《沼泽地的孩子》是他1999年出演的一部电影。

句。现在,差不多也是这种情况了。"

他还不能确切地知道对手的身份。"假如是玛丽娜·勒庞,那就将标志着两大政治家族的破灭。这几乎就是一份讣告了。"

十九点五十分。德尼·戴尔马宣布了票数:第二轮,将是埃马纽埃尔·马与勒庞的对决。顿时,一片寂静笼罩了全场。就在这一刻(我发誓,确实是这样的),我很偶然地转过脑袋,目光捕捉到一幅镶了框的画像,它就靠着墙放在地上。自从我频繁光顾此地以来,我就经常注意到它。那是美国插画家谢泼德·费尔雷的作品,他因为在二〇〇八年创作了巴拉克·奥巴马的海报而享誉全球。[1] 画作表现的是一个处于蓝、白、红三色背景中的微笑的女士,头发上插了花朵,整张脸的周围写有"自由、平等、博爱"的字样。有时候,不经意中的偶然一瞥会把我们引向事物的根本。

二十点。整个小团队集中到了候选人及其家人的身边。电视停留在法国二台的频道上。当票数最终显现在屏幕上时,现场一片欢腾。他们可以不再担忧。他们成功了。大伙立即彼此拥抱,彼此祝贺,有人落泪,数十个电话铃声、短信声响起。

二十点十五分。弗朗索瓦·奥朗德打来了电话。埃马纽埃

---

1 谢泼德·费尔雷(Shepard Fairey,1970—),美国艺术家,以平面设计、插画、街头艺术作品而出名。他在2008年为奥巴马的总统竞选活动设计创作了一张竞选海报,以红色、米色、蓝色等色块组成风格化的奥巴马肖像,肖像下面是"希望"(HOPE)的字样。

尔·马闪到一旁去接听。他一脸严肃，听得多，讲得少。后来，他告诉我："奥朗德很客观地叙述了事实，并没讲什么道理。他让我去召集大会。他这样跟我说，就仿佛我是左派的领导人。"他这么说表明他什么都没明白。我对他说："他祝贺你了吗？"他回答道："没有。"然后又补了一句："但是今早八点钟时，他给我发来一条短信说他会早早给我来电话的。他对投票结果很有信心。"

二十点三十分。他和我都闭门不出，一起为他的演讲做注解。尽管什么都还没有最终确定，但第二轮要与玛丽娜·勒庞对决这一事实让他有了获胜的巨大可能性。我对他说："这一次，你成了共和国总统。"他没有回答。他端详着我，一言不发。这个形象将会一直留在我心中。

我在想：埃马纽埃尔·马是不是听到了种种狂怒、丧气、侮辱的话语，还有大家觉得不公正的呼声？正是这一切推动一千五百万选民投了勒庞和梅朗雄的票，而他的那种克制和严肃也正因于此吗？

几分钟后，一个九岁的孩子——某一合作者的儿子——来到他的跟前，有些笨拙地向他递上一包小糖果，算是一份祝贺的礼物。他赶紧接过来，谢过了小男孩，孩子也马上就跑掉了。他半开玩笑地说："实际上，我现在可以这样说了，我做的一切都是为了这个，这个时刻，这些糖果。"

在总部的大厅中，所有人都低头瞧着自己的手机屏幕，忙着回复一条条短信。真正好大的一群鬼魂啊！

德尼·戴尔马高声说出了自己的想法，并没有什么人真正注意到他。"所有人都在指责民意调查机构，但是，有谁会说它们看得很准？"蒙彼利埃大学的一位资深政治学教授，不久前甚至还在《世界报》的一篇专栏文章中信誓旦旦地说，调查的样本已经过时了，他还预料，到时候会有一种意外。而我敢担保，他是不会出来认罪的。

终于，有两位顾问抬起了头，言简意赅地提出了组建政府的问题："要驱逐那些没有菜锅、没有格子笼的家伙，是不会很容易的！同样不容易的是，要说服那些在私营企业做事的人接受自己的工资变成现在的十分之一，然后成天遭人侮辱！"

二十一点三十分。有一长队人马前往早已聚集了不少共和国前进运动铁杆分子的凡尔赛门，队列的前头有一队骑警开道，后头也有同样骑着摩托车的新闻记者跟随。一路上，一些看热闹的人为这一长队黑色轿车鼓掌。看来，有些东西已经改变了。

在现场，布丽吉特的小女儿蒂费纳为我转达了加来海峡省一位女教师的话："她对我说，毕竟，您的继父，真的是现代社会的一名骑士。"

二十二点。埃马纽埃尔·马发表了一次平淡无奇的讲话（著名的骑士到哪里去了呢？），可惜啊，和他的第一稿相去甚远

（他那一改再改直到最后一分钟的狂热，这一次又让他出了差错）。不过，他毕竟还是传达出了他要跨越第二轮的意思。说到底，他成了自己快速度的牺牲品。他很可能在两个星期之后胜出，因而，他准备起了之后的那一击。然而，世人总是痛恨别人走得比自己快，痛恨别人不停地快速前进，痛恨别人不尊重时钟的节奏。毫无疑问，他们会让他感受到，他并非他们唯一的主人。

二十三点。谢过志愿人员（而后者也是激动万分的）之后，他们就一路驶向（始终在摩托车队的护送下）圆亭，那是蒙帕尔纳斯的一家啤酒餐厅，这位胜出的候选人经常去那里。对他来说，这一次晚餐专门为感谢所有从第一天起就陪伴着他的人，有积极分子和合作者。然而，从我看见那些如森林一般的摄像机、照明灯、话筒杆起（仿佛我们已经是在第二轮投票的那一夜了！），我就在担心，这会令人想起富凯酒店的那些形象[1]，灾难性的回忆。不过，我并没有抛头露面，我自觉地退让在后，这样的友爱聚餐将会引起很大的争论。我不知道，到明天，在集体想象中，店里推荐的芦荟和小萝卜会不会成一道很不得体的冷菜。我更不知道，三个喜剧演员和一个主持人的出席会不会让人议论纷纷，人们会不会或津津有味或惊慌地谈论这些"派对人士"。

---

[1] 指当年萨科齐在竞选获得成功时，去了巴黎最昂贵的酒店之一富凯酒店庆祝。这家酒店位于香榭丽舍大道上。

埃马纽埃尔·马从一张桌子走向另一张桌子。他举止缓慢，表达如谜一般，话语十分简略。

至于布丽吉特，她则把她心中的慌乱隐藏在了兴许有些做作的微笑背后。

人们离开的时候，差不多已经是深夜一点钟了。大街上和风温柔。我情不自禁地回想起了一个星期前在贝西体育馆的那次演讲的开头部分："你们听到春天的喃喃细语了吗？"

第一轮投票后的次日，在我收到的那些手机短信中，我特地保留了安托万·莱里斯[1]的那一条。在巴塔克兰剧院的那次恐怖袭击中，他失去了他的妻子，后来，他写下了那本名为《你们无法得到我的恨》的令人心碎的书。他给我的那条信息如下："我为我的国家感到自豪。我自豪的是，就在它心口刚刚添了一道新伤口的三天后，它选择了乐观、开放、自由。但是，什么还都没有赢得，责任却艰巨无比。我们国家所希望成为的样子的边界，将在短短两个星期之后等着在我们的民主时刻被描画出来。我们可别错过它。从此，这就不仅仅是埃马纽埃尔·马克龙的事了，这是我们法兰西的事。唯一

---

[1] 安托万·莱里斯（Antoine Leiris, 1981— ），法国记者。2015 年 11 月 13 日发生在巴黎的系列恐怖袭击事件中，他三十五岁的妻子埃莱娜遇难，当时，他在家带着他幼小的孩子，幸免于难。他不久后写下了《你们无法得到我的恨》一书（2016 年 3 月 30 日出版）。

的不可分割的法兰西。"

而在如雪片般的各种分析与评论中,我保留了发表在《解放报》上的这段文字:

这是第五共和国的最大窃贼。埃马纽埃尔·马克龙,三年之前还是默默无闻、社会斗争的局外人,从未入选过。就在星期日晚上,竟然领先于玛丽娜·勒庞成功入围总统选举的第二轮投票。人们下了一次疯狂的赌注,如今将为他打开爱丽舍宫的大门,他曾遭到政界的冷笑,也受到巴拉克·奥巴马的电话鼓励,得到过多米尼克·德维尔潘[1]的支持。成就这闪耀的上升的是对党派制度破败现状的及早分析,管理上与众不同的灵活性,以及在选举中从未见过的阵线联盟。总之,是一次经过深思熟虑、巧妙安排的"持械抢劫",而好运则多次向这位大胆者微笑。

政治大动荡,五十年来一直领导着共和国的两大政党被淘汰,极右派以前所未有的高票数进入第二轮,还有一个新手突然冒出,法兰西破裂。人们会说,这一切恐怕会让那些分析者兴致盎然。但

---

[1] 多米尼克·德维尔潘(Dominique de Villepin, 1953—),法国政治家,曾任总理。他也是一位文学家、诗人。

是，不，让那些职业评论人和社交网络写手感兴趣的却是圆亭的晚餐会。人们怎么能够爱表面甚于爱本质到这种地步呢？

而既然这些友爱的聚餐成了主题，既然原本的内心感受已经一劳永逸地步入了现实的范畴，我便去问了候选人本人。他的回答倒是很直截了当："你说的是圆亭的事吧？我来承担这一切。不错，就是我们。我们跟那些共同工作过的人一起庆贺，让他们见鬼去吧。那些人不是普通人，他们很勇敢。我将保护弱小者，我将赞美勇敢者，而我要的是法兰西。我不会向他们做任何让步。就让他们去蒙特图[1]寻找城堡好了，而我们在自己家工作、庆贺。"

于是，我提请他注意，他在投票后的第二天就不见踪影了，而玛丽娜·勒庞却到处现身，在一个集市上，在法国电视二台的电视新闻节目中。在汉吉斯引起了轰动，那是一种奇特的反应，一种漂浮感，一种空虚感。对于这一点，他依然说得直截了当："我承担这个。我想要的是珍贵和严肃。我不想做一个BFM电视台[2]的总统。至于她，她热衷于玩游戏，我不一样。她已经有了这一习惯，但要坚持不下去了。话应该说得少，但很有力。"我担心他的思维方式会

---

1 蒙特图（Montretout）在巴黎西郊的圣克卢附近，勒庞家族在那里的园林中有房产。
2 BFM电视台是一个二十四小时播出滚动新闻和天气情况的电视台，总部设在法国，可通过数字、有线和卫星电视在全球范围内播出。

同一个已经变成 BFM 天下的时代格格不入。况且，他现在还不是总统！

在这些"霉味"（这个词出自他之口）之外，让我感到震惊的，就是玛丽娜·勒庞受到的那种相对的善意。在法国，没有出现任何示威活动，或者说几乎没有，甚至可说是一片真正的麻木景象，就仿佛我们都变得萎靡不振，仿佛一切都很正常。面对梅朗雄派人士的拖延，一部分共和派人士的犹豫不决，以及对投弃权票或反对票的号召，统一的共和阵线实在很难组织起来。而在二〇〇二年的第二轮投票中，雅克·希拉克则丝毫不缺票数。媒体忘记了提出让人难堪的问题（这是一种"病态的着迷"吗，就像我四处听说的那样？）。例如，我就觉得很奇怪，人们居然会听凭玛丽娜·勒庞信口胡说，而不出来反驳。她说她是反体制的和新兴力量的候选人，而实际上，四十年来，早就有一个勒庞在竞选总统了，而且兴许还会再竞选四十年。她说她是人民的候选人，而实际上，她生于讷伊[1]，长于蒙特图，家中仆佣成群，从来就不用工作，却继承了一个政党。她说她双手干干净净，而国民阵线向来是司法调查的对象，查账不断，而她本人则拒绝听从法官的召见。她说她反对寡头政治，而人们知道，她跟普京有着千丝万缕的关系。而所有这一切都只是众多

---

[1] 讷伊位于巴黎西部近郊，为著名的富人区。在巴黎，讷伊几乎就是富人区的同义词。

例子中的少数而已。人们总是告诉孩子不要玩火，我们现在却都变成了一大群孩子。

我想到了维克多·雨果在一八四八年写的这一段文字：

什么样的人是共和主义者？是那个想让人爱上共和国的人，还是那个想让人仇恨它的人？假如我不是共和主义者，假如我想推翻共和国，那就请听我说：我会挑起失败，我会挑起内战，我会煽动人们上街，我会让军队饱受质疑，我会让国家本身饱受质疑，我会建议强奸民意，压迫自由，我会一脚踏在商贸、工业、劳作的喉咙上，我会高喊："让富人去死吧！"通过做这一切，你知道我会做什么吗？我会毁灭共和国。而我实际上在做什么呢？正好相反。我宣告，共和国想要，应该也能够把商贸、财富、工业、劳作、产业、家庭、艺术、文学、智慧、民族力量、公共繁荣、人民的爱、各民族的赞美都集中在它的周围。我欢呼自由、平等、博爱，我还要在这上面再加上统一。我渴望共和国。你知道应该对谁说"你不是一个共和主义者"吗？应该对那些恐怖分子。你刚刚知道了我的内心最深处的想法。假如我不想要共和国，我就会向你展示黑暗中的断头台，而只因为我想要共和国，我才要为你展示一个光明中的法兰西，一个自由的、自豪的、幸福的和胜利的法兰西。

雨果的这段话比任何时候都更有现实意义。

过去四十八小时盛行的论调是：竞选活动第二轮投票好不容易才启动，人们会感受到埃马纽埃尔·马方面的激动，人们会表现出过早的扬扬得意。他正是选择在这样一个时刻前往危险重重的雷区——亚眠的惠而浦工厂。那里的工人罢工了，因为工厂遭到迁移国外的威胁。好一个唯利是图的资本主义的象征，好一个有利于社会倾销的欧洲的象征。我觉得，他去那里恐怕只有自讨苦吃的份儿，我在问自己，谁又会生出这样荒唐的想法，让他前往如此充满敌意的地方？我担心，是候选人自己选择要往狼嘴里钻。事情闹得很大，他与联合工会的代表展开了一次讨论，就在当地商会的驻地进行。为什么不呢？但是，一个会议室以及一番彼此拉开距离的对话所塑造的形象并没有达到最佳效果。它们突然被另一个形象渗透了，那就是玛丽娜·勒庞。她连招呼都不打一个就突然来到了工厂门前，跟那些被介绍为工薪阶层的人打成一片，她不仅玩起了自拍，还拥抱了一个泪流满面的女人，就像早先在苏联舞台上常见的那样。她承诺道，有她在，伤害就不会发生。新闻频道马上就叫嚷，这一招实在太精彩了。她即兴来临，向他发出了挑战，割了他的窝边草，她来到了受苦人中间，而他则在远处对话。她在人们的一片欢呼声中离开。这时候，有人把她刚刚来过的消息告诉了他。人们谈论到的是一次迫不得已的、根本不在预定日程中的访问。总之，他让他的竞争对手抢了先，不得不受制于她。当他前往工厂时，他遇到了嘘声、倒彩声。而就在那一刻，毁灭已成定局，是彻底的惨败。人们不禁会问，两轮投票之间的这段路程，对他来说原本完全是胜利大进军，怎么会就这样转为十字架之路呢？除非还会产生一个出乎所有人预料的大反转。那形象，是坚定地走向敌对阵营的勇敢者的形象，他去与人接触，寻求对话。当然，他是混乱之中的初出茅庐者，然而，他将会获得成功。在交流中，他表现得活跃、明确、坚定、毫不动摇，他摆事实讲道理，拒绝开空头支票。一小时之后，他跟每一个人握过手，离开了安静的会场。人们会说，他们算是见证了理解政治的两种截然不同的方式：一边是勒庞女士的方式，全在于拍一些照片，在停车场站上一会儿，跟粉丝以及打手见上一面，做一些虚假的承诺，逗留个十来分钟，为她的花招而庆贺；另一边则是埃马纽埃尔·马的方式，跟工会代表对话一个多小时，摸透卷宗的底，然后去接触工人，倾听他们的愤怒，逐一做出回答，说出实话来，即便是残酷的真相，也要说出来。

紧接着，他前往阿拉斯，要在那里开一个大会。面对着欢腾的人群，他由守势转为攻势，直截了当地谈论法国的裂缝，朝他的对手扫射。他即兴发挥，充分表现出了热情、愤慨和才华。他显示出，即便被逼到了墙角，也依然会展现出最好的自己。刚从台上走下来，他就对我说:"我刚才已经打碎了一切。第二轮竞选活动开始了。他们会明白的。"

人们可以指责埃马纽埃尔·马有很多缺点。此外,自第一轮投票的结果宣布以来,种种非难就不曾少过,矛头指向他的暧昧不清,他的自由主张,他的年轻,其中有一些倒也不无道理。但是,至少有一点是大家一致同意的,即他既不缺少勇气,也不缺少能量。

第二天,在总部,他像一个重新上紧了发条的咕咕时钟一样告诫他的团队,说他觉得他们有些死气沉沉。"你们彼此间说话吗?因为这里头缺少一种横向交叉性!就留在这里头吧,哥儿们!现在就该表演了!"我感觉似乎听到了一九九八年世界杯期间艾梅·雅凯[1]在责备罗贝尔·皮雷斯[2]:"踢得强势一点,踢得强势一点,罗贝尔,要是你踢得不够强势,那你可要注意了。我告诉你,你会看到的,你会遭遇挫折,因为你实在太温和了。"

(他自己就不只是温和的问题了。他可以表现得强势,假如他认为那样有必要的话。他不仅可以辛辣尖刻,也可以执着不屈。在权

---

[1] 艾梅·雅凯(Aimé Jacquet, 1941—),法国足球教练,1998年世界杯时夺魁的法国国家队主教练。
[2] 罗贝尔·皮雷斯(Robert Pirès, 1973—),法国足球运动员,国脚,司职中场。

力的操练中，他要表现出尖锐不会太困难。）

不知道这已经是竞选活动中的第几次反转了。尼古拉·杜邦-艾尼昂又恬不知耻地转而支持极右派了。有传闻说，玛丽娜·勒庞有了他的加盟，他们之间的恩怨这一次算扯平了。总之，她期待着通过掏出支票本来捞回她的选票。

两轮投票之间的形势是如此严峻，表面与本质之间的混淆是如此严重，使得阿兰·朱佩认为有必要出来申明一下：

> 法兰西正走向灾难。不久前似乎还不可能的事，到今天已经不再是不太可能会发生的事了：勒庞女士会成为法兰西共和国的总统；国民阵线在第二轮中的得票至少会超过百分之四十这条线……这就已经是一记政治霹雳了……真相十分刺眼：历史、意识形态、那些创建和支持这个党的男人和女人，总之，国民阵线一向处于我们的对立面；它的反戴高乐主义立场从一九四〇年起就始终没变……法兰西人民，你们可要镇定啊……

《玛丽安娜》周刊的老板认定，勒庞的拒绝相较于马克龙的仇视似乎更为表面化，指出了"一种自杀式的盲目"。并且提出了问题："我们变成疯子了吗？"

在《解放报》上，克里斯蒂娜·安戈[1]找到了恰当的词语。提到那些并不"从根本上"跟国民阵线作对的人时，她写道："他们的记忆和意识存在漏洞。"她知道，本质受到了威胁，于是，她就不耍手腕了。"投马克龙的票，以求给国民阵线制造障碍，这是最低程度的努力。假如我们连最低程度都不做，那么，在这一点上，我们就都是猪猡。一些只知道自己要得到保护，除此之外就什么都无所谓的猪猡。"我与她有同样的惶恐与愤怒，我们说起这些，都有一种在一片可怖的荒漠中布道的感觉。

两轮投票之间的星期日，我与埃马纽埃尔·马谈话。我很惊讶，他还在攻击梅朗雄，而他将需要梅朗雄的选民来支持他。梅朗雄会落到最底下，那是毋庸置疑的，他几乎离开了共和阵营，解释说他在"极端金融和极端右派之间"看不出有什么太大差别（罗贝尔·巴丹泰[2]很遗憾地说："假如这属于一种策略上的选择，那就是一种政治错误；而假如这是一种坚信不疑的表达，那问题就更为严重了。"），这位雄辩的演说家如今只不过是一颗死去的星星，但是那些投他票的人却不应该因此而被认为有罪。我提请他

---

[1] 克里斯蒂娜·安戈（Christine Angot, 1959— ），法国女作家。
[2] 罗贝尔·巴丹泰（Robert Badinter, 1928— ），法国律师，教授，随笔作家，政治家。

注意，面对法西斯的危险，我们还缺少一个民族整体的形象。他解释说："我星期一就去做，就在维莱特举行的群众集会上，但是，我怀疑自己能否成为那个为一个并不会形成的共和阵线而祈求的人。还有，我不知道能否成为一个遭否认的旧制度的旗手。必须担当起自己的身份，坚持到底。"我反驳他说："你不是为他们而做，你是为选民而做，为的是让他们不用靠弃权躲避，事后还需要进行解释。反国民阵线的自觉反应似乎已经丧失。恐怕还得再回到本质中去。"他对此表现得很直率："最好还是在一个明确的基础上赢得百分之六十，而不是在暧昧不清之中赢得百分之七十。"但是，假如这个百分之六十到后来变成了百分之五十五，或者更少了呢？他没有回答。

五月

候选人在巴黎的维莱特举行了群众大会。实际上，大会没有丝毫新意。没有再给惊喜与创造留任何位置。从此，人们就是在重复以往。人们在不停循环。重要的不是话语，而是出席状况。人们感兴趣的，不是一个人所说的话，而是人群的密度。而就在一次中规中矩的演讲中，基本真相突然出现了。当天上午，就在巴黎的圣女贞德雕像脚下的传统致辞中，让-玛里·勒庞攻击了埃马纽埃尔·马。勒庞是这样说他的:"他谈论未来,但他根本就没有孩子。"攻击并非没有引起回应,它击中了目标:布丽吉特的孩子们的继父,家中每个人都把他当作孙儿孙女们的祖父,他不能就这样毫无回应,轻易放过它。于是,他的目光阴沉下来,话锋也突然一转,声音也铿锵有力起来:"我有孩子,还有宝贝孙儿孙女!"但是,嗓音有些发颤,流露出的既是愤慨,也是激动。这是他的"阿喀琉斯之踵",这是他不必隐藏的脆弱:假如有人要打击他,假如有人想让他失去平静,那么,这就是可以捅上一刀的地方。

埃马纽埃尔·马很不愿意吐露:这一刻他情不自禁地说出来了。

五月三日。十三点。他在总部跟助手们开最后一次会议,准备当天晚上要与玛丽娜·勒庞展开的辩论。候选人显得很平静,专注,还有些疲劳。他熟悉了材料及自己的优势。他早已预料到了对手的攻击角度。他放弃了手下人所提议的那些点睛之笔,质疑了那些已经准备好的套话,而坚持所有的话都要有根有据(遗憾的是,无根据的话实际上还真的不少,比如,"您声称我是弗朗索瓦·奥朗德的养子,但您却是您父亲的私生女",又比如,"您把我说成金融的候选人,但这总比做一个破产的候选人要强得多",这样的话,随时都能听到)。如此说来,好的教学法是对哗众取宠的最好回应。而人们早已记住上几次总统竞选的辩论,即便不是全部内容,也会记住一些惊人的警句格言，一些精心准备的连珠妙语，一些合乎规矩的谋杀，不是吗？

　　他朝我转过身来："你没什么要说的吗？"我摇了摇头。他微笑着坚持道："你甚至都不给我来点最后时刻的小建议？"我则坚持表示否定，因为我坚信，无论如何，他会做他早已下定决心的事，或者那一刻他感觉要做的事。我相信他的选择，相信他的直觉。然而，我不自觉地对他说："你太容易去回应别人的攻击了，你总是情不自禁那样做，而且，有时候，你的反驳实在太冗长了。要知道，到别人的地盘上去，并不总是值得的。你需要克制一下你爱吵架的天性。"他似乎接受了，露出一丝笑容。

　　二十点。来到了圣德尼平原的107号摄影棚。弗朗索瓦·贝鲁已经在那里了。当我问他是不是具有老兵部队的那种平静时，他就叫嚷起来："根本没有！我害怕！首先，我，我在任何对抗之前都会紧张。此刻，我为即将发生的事情担心。"总之，是一种间接的害怕。

　　二十一点。辩论开始。带着一种前所未有的暴烈。玛丽娜·勒庞展开了痛斥与谩骂，不断说着谎言，肆意含沙射影，回避关于纲领的争论，并显示出糟糕的无能。她令人尴尬的表现是一次彻底沉船。埃马纽埃尔·马很擅长保持冷静：说实在的，人们完全可以把核武器的按钮密码托付给他！但是，至少，他应付自如。胜负已成定局。

二十三点三十分。当他返回后台的休息室时,他已经放松下来。谁又能相信他是从一个拳击台上下来的呢?每个人都为他送上祝贺,而他似乎发现,这一局他已经赢了。是卖弄风情,还是缺少必要后退空间的人的真情流露?他未对对手置一词,夸奖(或者指责)都没有,他已经心不在焉了。

第二天,为了证明她的发言(人们一致认为是场灾难),玛丽娜·勒庞肯定地说:"我做了人民期待于我的。"她是怎样看待人民的?她是不是相信,人民就是一群大吼大叫的平庸至极的人?

五月七日,星期日。第二轮。没有什么能比弗朗索瓦·密特朗在一九七四年的讲话更准确地描述这一场景了:

> 两个候选人在几百万男男女女面前,两张脸明暗交替,两道目光彼此交错却从不相遇,两个嗓音谈论着两个世界,那是对两种当下的回声,对两种未来的承诺。这样一个被如此一起谈论的法兰西,我们必将关注它!

埃马纽埃尔·马坚信自己能获胜(在民意调查中他得了百分之六十三的票数)。他对我说:"今天晚上,一个新的阶段开始了,但并不是这个时代的终结。它以其他形式在延续。那将是一段征服、喧哗和冻结的时光,将是一段象征渐渐吞噬其他东西的时光,而到最后,将只有我们知道。"

十九点。他召集了团队的部分成员,想对那些在竞选中一直帮助他的人表达一下感激之情。而突然,他就停下来,无法继续他的即兴独白了。他的目光仿佛蒙上了雾气,他咬住了嘴角,显而易见,他很激动。在这一刻,他的思绪飘向两天前在最后一次群众集会期间突然去世的阿摩尔滨海省的女议员科琳娜·埃雷尔[1]。他竭力控制着自己的激动,他平时是那种情感不外露的男人。他断断续续,吞吞吐吐,语调迟疑,谈到有时命运很残忍。他说,科琳娜应该会感到幸福的。最终,他又以一番表示感谢的话重新开始。他为在场的人留了整整三十秒钟,充满赤裸真相的三十秒钟。

十九点四十五分。布丽吉特·马和我谈起卡拉·布鲁尼-萨科齐给她发来的短信。我很欣赏火炬交接之际的那种优雅。

我情不自禁地问起她的感受。她则更愿意回以一个谜一般的微笑,好让我按我自己的方式去理解。我从中辨认出——那是当然啦——欢乐、自豪以及一丝担忧。但我猜想,这一微笑还包含其他因素:对自己一贯的坚持的满意。因为在这漫长的数月中我都看到,

---

[1] 科琳娜·埃雷尔(Corinne Erhel,1967—2017),法国政治家。

它们一个接一个，一个挨一个，明明白白，历历在目。我知道他们之间联系的强大而独特。这一漫长而狂热的竞选活动本来完全可能让她动摇，由于埃马纽埃尔·马必须全身心地投入夺取权力，因而倾注在他们夫妇关系上的时间和注意力就少了，也由于日积月累的疲惫，还由于前进过程中不可避免地出现的种种紧张、不理解以及价值判断方面的分歧（这些都是有过的：我就见过此类情况，都与竞选活动的节奏、演讲措辞或者周围的环境有关，却从来都与这一历险的目的本身无关，也与纲领、方向无关）。最终，我似乎觉得，结果却起到了相反的作用：他们之间的联系反而更牢固了。因为他们所完成的，是他们一起努力完成的。最终达到的目标，是他们一起努力达到的。

二十点钟。埃马纽埃尔·马以百分之六十六的票数，即两千多万选民的信任，赢得了总统竞选。他成为共和国最年轻的总统，这是法国历史上绝无仅有的。他将是在一种民主制度中任职的最年轻的国家元首。确确实实，就是这个在我眼前的人，他微笑着，因为他很幸福，但他的目光有些蒙眬，因为他很严肃，这个人是一个小说人物。此人在历险与行动的故事中代表的是勃勃雄心，此人寻求着在现实主义小说中与世界相抗，此人经历了激情的冲动与磨难，在伟大的浪漫主义运动中为自己创造了一种命运。

人们会说道或者写道，他实现了一次"持械抢劫"。（此外，在胜利的喜悦中，一个合作者不无讥讽地说道："我们成功地抢劫了一把。应该说，我们认识房东［按：奥朗德］，而且我们有地图［按：爱丽舍宫的地图］。我们做的就像《十一罗汉》[1]中所演的那样，只不过人数没有那么多。"）人们会唠唠叨叨地讲道，在正常的情况下，他恐怕永远不会成功。人们会一再重复说，他的祝圣仪式就是对或然性法则的一种侮辱，但是，必须承认，他提出的所有理论或预言都已实现：大环境的反常（不是别的，正是这个），传统政党在其内部分裂及其代表极度膨胀的自我的重压下的垮台，几十年来一直处于统治地位的特权阶层的消失，人们对革新和大变动的几近于本能的深切渴望——他们希望寻找一张新面孔，以及进步派与反动派之间的决定性斗争。他同样还善于依靠奥巴马成功赢得选举的策略，尤其是一个强大的钓选票的志愿者网络。他还求助于算法，大量明智地运用数据信息。而尤其，兴许吧，在他的大多数对手纷纷搞砸的时候，他却没有犯什么错。此外，还要加上一些人在最终阶段的自取其辱：杜邦－艾尼昂与魔鬼为伍了，梅朗雄犯了一个无法弥补的道德错误。（一场竞选活动往往能揭示人们的性格。无论是在顺境还是在逆境，无论享福还是遭难。）今天，埃马纽埃

---

[1]《十一罗汉》(Ocean's Eleven)，又译《瞒天过海》或《盗海豪情》，是一部美国电影，2001年上映。影片讲述了超级大盗丹尼·奥逊为重新夺回妻子泰丝，一夜之间召集十一位行内好手抢劫情敌赌场的故事。

尔·马几乎是唯一依然站立着的。他环顾四周，但见一片废墟，满目疮痍。兴许，我们必须通过这样彻底的破坏，才有希望创建崭新的事物。

快到二十三点时，他前往卢浮宫广场，去向人群致意。在《欢乐颂》的音乐声中，在玻璃金字塔的背景中，他那孤独、缓慢而辉煌的入场将会被全世界看到。

（当天下午，当他给我讲述这一舞台布置时，我曾对他说："你的伎俩，也太密特朗了。"而在我的心底，我想的是：这太过分了。见到实际场景时，我对自己说："确实，太过分了。"但我同时也明白，这也太有效了，令人难以想象。我回想起来，好像有谁说过，权力就是关于各种象征。）

很快就到了子夜时分。我们又穿越了空旷的卢浮宫广场，就差出现一位《卢浮魅影》中的贝尔斐戈[1]了。我们坐上了官方安排的汽车，车队往总部的方向驶去。我们有一种奇特的感觉，仿佛正冲破一大群人，因为街两边的人行道上都挤满了人。法国人希望能透过车窗的暗色玻璃，匆匆瞥一眼新的夺冠者。我们几乎会

---

[1] 贝尔斐戈（Belphégor）是 2001 年的法国奇幻恐怖片《卢浮魅影》中的主人公，影片讲述了一个被古埃及木乃伊的灵魂附身的女子的故事，剧情大致改编于法国作家亚瑟·贝尔内德发表于 1927 年的小说《贝尔斐戈》。

说，城里的大街上还是有那么一点点欢乐的气氛。我们闯过一个一个红灯，飞速奔向格鲁教士街。那里，已经搭好了一个冷餐大台子（很简单——这一次，那些批评者可就无话可说了，无法对此加以恶意评论了）：从第一个钟头起就参战的战士们终于能够为胜利而碰杯了。人群中，在一派真诚的快乐气氛中，我发现了一些新面孔。权力如磁铁一般吸引了那些机会主义者。旧世界并没有彻底死亡。

五月八日，星期一。今天，一切都将开始。在一个渴望一场深刻变化却又不愿进行重大改革和尖锐修正的法兰西，当选者又将拥有什么行为能力？在没有什么基准参照的法兰西，光凭他的决心是否足以确定并找到航向？在如此充满悖论的法兰西，明天他是不是将遭遇议会的多数都持敌对意见的情况或者只获得相对多数的票？他会把国家带回到它惯常的停滞状态，还是让它陷入不可管理的混乱状态，或者，他将从一张空白支票中得到好处？无论如何，当好共和国的总统，可绝不会是轻松的活儿。说实在的，人们为什么会想要干这种活儿？

（而他，毫无疑问，会回答一句诸如此类的话："不管怎么说，因为我坚信我会做到。"）

当然还有别的：一个让众人燃起如此多希望的人，是不是注定会让人大失所望呢？

卸任总统弗朗索瓦·奥朗德邀请了新当选的总统出席在香榭丽舍大道上举行的纪念一九四五年停战日的典礼。人们目睹了这一历史性重逢。场面非常感人，并赢得了各种赞赏。那些曾经肆意攻击其犯了弑父之罪的人，看到那个离任者对继任者所表现出的柔情，将会大为惊讶。那些对这二人之间隐蔽的传承性进行过种种推测的人，会从中得出结论说他们的推测是有道理的。无论如何，弗朗索瓦·奥朗德表现出一种快乐的家长式情怀，就仿佛如今发生的事情多少算他的作品。我情不自禁地想到了科克托的这句话："既然这些奥秘都在我们的掌控之外，那就让我们假装是它们的组织者吧。"而通过从旁观察这二人之间的同谋关系，我不由自主地回想起布丽吉特·马去年秋天的预言："这二人还会走到一起。"

在已经改装成地堡模样的总部，好戏正在上演：一个政府的组建，一个班子的搭建，授权提名的最终确定，政治生活的重组。在那些事关国家命运的根本问题之外，千丝万缕的个人命运一一联结，又一一解开：一些人最终将找到圣杯，而另一些人则将走入歧途；一些人将在明天操纵权柄，而另一些人则将看到他们或隐秘或成形的美梦在宫殿的大门之外破碎；一些人将成为新的强权人物，大受奉承，令人生畏，而另一些人则将只有眼泪要流，只有苦果要吞，只有仇恨要咽。国王英明，国王决断。

我跟一个关系比较近的顾问谈过新总统五年任期的最初几天会是什么样子。他说："埃马纽埃尔很清楚总统任期之初怎样是不称职的。他只要做好反面就行了。"

五月十三日。我父亲逝世四周年的忌日。他要是还活在世上，对这一切又会怎么想呢？比如这次过于铺张的竞选活动，这个十分意外的选举结果，这个非同寻常的年轻人，以及我所亲历的这一冒险。他恐怕不会忘记提醒我说，我的家庭属于左派，而太接近太阳的时候，翅膀就有被烧毁的危险。我父亲说得有道理。

五月十四日。权力交接仪式。送到我这里的那张请帖上写着"就任仪式"的字样。魔鬼就栖息在细节中。

迄今为止，我还从未踏足过爱丽舍宫。我经由圣奥诺雷道那一侧门进入。我穿过已经铺上一条红地毯的庭院，登上石阶，走进接待前厅。从那里，我走向节庆大厅。我四下观望着厚重的大红帷幔、巨大的枝形吊灯、各色镀金饰件，好一派金碧辉煌。我记得我在电视中看到过这一切，感觉就像走在一片布景中。

我承认，我对如此的宏伟壮丽相当麻木，没什么感觉。说句真心话，我甚至还感觉，我跟这样豪华的排场之间有一道巨大的鸿沟。最初出现在我面前的那几张脸更是加强了这一感觉。这是出了一趟远门又回来的旧世界：最高立法、司法、行政机构的代表，神情疲惫的大人物，耄耋之龄的显贵要人，旧制度的遗老遗少，身兼数职的议员，上了浆后绷得僵硬的衣服。于是，一场半玩笑半悲剧的表演开始了：牵强附会的重逢相遇，矫揉造作的拥抱亲吻，心满意足的神态，心领神会的模样，装模作样的漱口水。这些人，很显然，他们都不像是第一次出席此类的典礼，他们觉得受邀出席是理所当然的事，他们应该好好瞧一瞧这位新总统，就如同要瞧一个怪物，一种失礼的举止，或者一种时尚。但他们根本不会错过什么即位仪式，因为对他们来说，要放弃哪怕一丁点的权力，也实在是很难很难想象的事，而且，因为他们是那么需要相信自己依然十分重要。某些人甚至还使劲用胳膊肘挤别人，只为能占住前排的位子。

在人群中，我寻找一些熟悉的面孔。我在身边不远处看到了布丽吉特的小女儿蒂费纳·奥齐埃尔，她显然非常激动。我便顺理成章地问起了她的感受。她对我讲起了二〇一六年一月一个星期日下午发生在勒图凯的事，那已经是十六个月之前的事情了。当时，埃马纽埃尔·马问她："你们打算什么时候结婚呢，孩子们？"（她很长一段时间以来就有固定的伴侣了，并已经当上了妈妈）。她开玩笑地回答说："等你当上总统时！"她的继父立即接过了话茬儿，微笑道："你要小心啊，这可能会来得比你想的还要早！"她这样悄悄告诉我说："很难想象，一年零三个月之后，他就将成为法兰西共和国最年轻的总统。"她继续道："二〇一六年春天，正是在巴黎，家人在一起时，我们考虑如何为埃马纽埃尔的那个运动命名。结果，'共和国前进！'得到了众人的一致赞同。它很好地形容了公民们所期待的运动的性质，还有埃马纽埃尔对我们国家的那种抱负。但是，运动一旦发起，就得面对种种批评。人们对我们解释说，他们无法改变制度。这就像是我在几年前听到过的关于埃马纽埃尔和我妈妈的那些话的一种回声。对那些思想正统的人来说，一个带着三个孩子的女人离开丈夫去找一个年轻得多的男人，是无法设想的。而对一个少女来说，这也是一种不愉快的情感，因为她不得不对自己说，一切都是既定的，人们都得按照一种既定的模式生活。实际上，一对男女的爱情，以及几年之后，一个国家的赞同，真是挑战了命运。很显然，一个人道主义总统上台，这是选举的胜利。但是，在我眼中，还另外有一种看不见的成功。那是一个男人、一个女人、一对夫妇的成功，他们向法国人显示：人可以选择自己的未来。我很自豪地对我的孩子们说，他们的外祖父母已经为他们开辟出了一条道路。他们应该成为这个希望的卫士。"

在此期间，两位新老总统也在展开热烈的谈话。他们谈到了热门档案，他们交换了核武器密码，然后，他们无疑还讨论了那几天的天气，还有平常的生活。他们说："毕竟，这是多么棒的故事啊！"真没什么道理可讲。

人们始终在等待，腿都酸了。

我偷偷地观察了一下被人安顿在椅子上的埃马纽埃尔·马的父母。我想象他们的自豪感（它可是合理合法的哦）。然而，他们却显得有那么一点点神态疏远，举止谨慎，仿佛他们真的不属于这里，仿佛他们回想起儿子很久以前就脱离了他们的掌控。他完全独立于他们，远离他们了，兴许，还根本就不需要他们。

最终，一阵战栗掠过在场的所有人：当选者到来了。宣布他的到场时，人们使用了这样一个第一次专门为他而用的词语："共和国总统先生。"

于是，接下来是一番庄严的演讲，一连串正式的握手。埃马纽埃尔·马的外表已经变了样，他变得更为严肃，更为缓慢，更为冷淡。

当他来到我跟前，记起来去年夏天我跟他提起过要写一本书的计划，他便面带一丝微笑地问道："我们至少可以说，你当初还是很有判断力的。"我则向他报以微笑。我本可以反驳他说，那种判断力，我原本是没有的，因为我当时没有想到这一结局。但是，说到底，他说得也不全错，因为把我引向他的，是他绝对的独特性：它也确实在这一历史时刻得到了印证。

几分钟后，他站定在爱丽舍宫的后台阶上，人们向他致以庄严的军礼，我则留在了一扇窗户后面。我眺望着他，那个最初的形象又回到了我的脑海中：九个月前，仅仅九个月，年轻人通过一道隐门溜进了爱丽舍宫内部；而这一次，他则是通过迎宾庭院进来的，受到了卫兵仪仗队的迎接，慢慢踏上了一条长得没有尽头的红地毯。九个月之前，他来向当时的总统宣布要离任；而现在，他签字承诺他一鸣惊人的入主。九个月之前，总统批准了他的辞职；而今天，是他在送别前总统，久久地握着前总统的手，瞧着前总统钻进一辆汽车中，然后消失在远处，而他自己，则独自冒着毒辣的阳光，留在红地毯上。今天，是他，成了总统。

六月

这是一个星期六的晚上,天气温和。我跟埃马纽埃尔·马约着见面了。自他入主爱丽舍宫以来,他和我会定期聊一聊,会彼此交换短信(常常是在夜晚,老习惯总是很顽固的)。但是,跟他单独见面,这还是第一次。他建议我们在灯笼馆见面,那是位于凡尔赛的早年的一处皇家猎人小屋,现在用作共和国的国宾馆。

先得经过一道安检,走上一条小径,穿过一道栅栏。那些柱子的头上都有公鹿的脑袋。我受到一个面无表情的大管家的接待,再走过一条长长的走廊,地面是黑白相间的方砖。

我的主人目光锐利,满脸笑容,脚步缓慢,正在大厅中等我,那里安放了一架钢琴。我马上就问他是不是试着弹过那架琴(他以前弹过好几年钢琴,甚至还获得过亚眠公立音乐艺术学院的三等奖)。他不无遗憾地说:"我倒是很想那样呢,但一直没有时间。忙得四脚都快朝天了,连一分钟的闲暇都没有。"

我情不自禁地审视了他一下,想证实一下,在他身上,是不是有某种东西真的改变了。据那些评论家的说法,他从第一刻起就匆匆穿上了总统礼服,立即承担起总统的职能。他毫不耽搁地说:"之前,我完成了蜕变。"之前吗?是不是想说,他在成为总统之前就已经看到自己当总统的样子了?他具体解释了自己的想法:"我曾努力想成为他,但我并没有对自己这样说过,因为我很迷信。而实际上,当我走在卢浮宫广场的那一刻,我才真正地完成了这一融合。"

皮卡第的孩子、红运当头的少年郎、戏台上的业余演员、一心想当小说家的国家行政学院学生、收入百万的商业银行家、影子顾问——他曾几何时的那些身份都无法预料到如此的命运……他肯定道:"我没有梦想过当总统,当然,我有一种爱领导别人的脾性,我想为我的国家做一些事,但是,政治只是从二〇〇七年才开始真正引起我的兴趣。而在二〇一二年,我来到爱丽舍宫,苦苦奋斗,但我很快就意识到,这里头并没有太大的意思,没有什么深度。正因如此,我在二〇一四年辞了职。而后,人们又重新召回我。作为部长,我没有好好思考这一问题:你是在一种纯粹的行动中。但是一旦我感觉自己被套住了,那也就被锻造了。而当我投入其中时,那可不是为了充当一个无名角色。我对自己说:要不就是他们,要不就是我。"

在这一对权力的寻觅中,他是不是放弃了人性的一部分呢?他回避了问题本身,说:"人们变得铁石心肠。人们穿越一个个阶段，甚至连肉体的阻力都增加了。一场竞选活动就是一个极富诱惑力的时刻，那不是一种色情上的诱惑，而是某种体现出力量的东西。"

而权力的行使又迫使他走向了什么呢？"你在对待亲朋好友时心才最强硬。在做选择时，存在不公正，你得承认这一点。"这种不太公正的强硬，从组建政府、组建小班子起就表现了出来。"你排斥了亲友，排斥了从一开始就帮助你的人，只保留了另一些才来不久的人，你选择了那些最优秀的人。"他补充说："天真将不再被允许。不再有任何的不偏不倚。"

而最初的几步呢？"我在这上面花费了很多很多心思。我知道，法国人在瞧着我。那种勇于面对时代的必要性时时萦绕在我心头。必须懂得，物质只是象征性的。非象征性的那一切都是逝去的时光，都是浪费掉的能量。当然，还有行动要展开，有事情要推动：那都是象征性的，日常的。"

如同所有人那样，我在百般猜测，我渴望知道，对特朗普来说，对普京来说，这一切都是怎么回事。"自由自在之际，我强迫自己建立起一种直接关系，我既不害怕，也不陶醉。当你就位时，你可以疏通那些长久以来一直堵塞的东西，不可否认，存在某种形式的恩宠，人们应该利用它，以求前进。在这一问题上，默克尔为我引用了赫尔曼·黑塞的话：'开始之时，一种魅力自有其居所。'问题是这样的：魅力能持续多长时间？"

时近盛夏，法国人似乎还处在迷惑之中。相反，某些报刊社论作者却并不温柔。对于他们，他就像条件反射一样重又找到了奥迪亚尔式的腔调。"他们这样说到我：他不愿意跟我们玩。对了，就是不，我就是不愿意跟他们玩。说实在的，有些人之于道义，恰如特蕾莎修女之于缉毒警队。他们给我一些道德教训，而他们自己几十年来就一直活在任人唯亲与私下交易之中。"

我向他指出，某些知识分子同样也对他进行了激烈的攻击，尤其是阿兰·巴迪欧[1]（"自由派完全一致的直接共同体现"）、米歇尔·翁福雷[2]（"一种虚构，一个撒谎者，一个蛊惑人心的傀儡"）、伊曼纽尔·托德[3]（"马斯特里赫特[4]式的奴役的胜利"）、阿兰·芬基尔克罗[5]（"扬扬自得的进步主义"）、雷吉斯·德布雷[6]（"美国的加冕礼"）。他则全面反驳说："我对他们并不那么感兴趣。他们都在一些老套式中。他们带着昨日的眼光来瞧昨日的世界。他们用老乐器制造出一

---

[1] 阿兰·巴迪欧（Alain Badiou, 1937— ），法国哲学家，坚定的极左派，向往马克思主义传统。
[2] 米歇尔·翁福雷（Michel Onfray, 1959— ），法国哲学家，奉行享乐主义、无神论和无政府主义。
[3] 伊曼纽尔·托德（Emmanuel Todd, 1951— ），法国历史学家、人类学家、社会学家和政治学家。
[4] 马斯特里赫特（Maastricht），荷兰城市。1991年，欧共体在此签订《马斯特里赫特条约》，该条约奠定了欧盟成立的基础。
[5] 阿兰·芬基尔克罗（Alain Finkielkraut, 1949— ），法国哲学家、作家。
[6] 雷吉斯·德布雷（Régis Debray, 1940— ），法国哲学家、记者，前政府官员和学者。

些声响来。他们中相当一部分人，已经有很长时间没有创造出什么令人惊奇的东西了。再说了，他们所建议的都是些什么？他们是在自己的阿文提诺山[1]上。他们不喜欢政治行动，却依靠评论而活着。他们成了社论作者。于是他们那没完没了的斥骂就永远带着忧郁腔调。他们所憎恶的，是和解的想法本身。相比于他们，我倒是更喜欢一些真正的思想者。比如说，尤尔根·哈贝马斯。我们处在不同的水平上。"

于是，我提到了所谓的"权力之孤独"，想弄明白它到底是一种浪漫的虚构，还是一种常见的现实。他说得倒是十分干脆："这种孤独，它是绝对的。首先，这个地点与世隔绝，它安静，滞重。但重要的是，其功能也与世隔绝，尽管我想努力拥有一种合议的工作办法。你就是那块支撑拱顶的基石，再没有人可以单纯地与之说一说事情了。而且你一分钟的间歇时间都没有。这里的神秘不可消弭，秘密有其存在的必要性。你重又找到了某种浓重玄奥。这种玄奥不是功能性的，而是存在性的。"

他停顿了一下，眼睛似乎在瞧着自己的内心，寂静降临了。他回想道："当你发起竞选活动时，那真是一种海盗般的生活，两船甫

---

[1] 在法语中，"隐居到阿文提诺山"（se retirer sur l'Aventin）意味着"放弃正在进行的谈判"。公元前495年，罗马城里发生市民起义，以反抗压迫、剥削以及种种杂役劳作，起义者威胁说要搬到城外的阿文提诺山去居住，在那里建造一个新的罗马。

一相碰，你就投入接舷战，你拔出弯刀，那些家伙追着你。有些时候，你还能放松一下，有些许快乐，但你会对那种永恒的存在感着迷。而在行使权力的时候，却正好相反。你的一切就得庄重、严肃，具有珍贵的价值，就将构成历史。"

而伴随总统职能而来的死亡呢？"在马里的加奥[1]，当我检阅军队时，我知道我会问他们要什么。我做了一番严肃的演说。他们看着我就像看着军队的统帅。他们和我都知道这意味着什么。"

我说："你的手可能会发抖，这是可以理解的……"他却打断我说："假如你的手会发抖，你就干不了这一行。"

而他的死亡，他想到过吗？他已成为众矢之的，恐怖主义者发誓要干掉他。他经常外出与人们接触，完全可能与某个疯子迎头相撞。他避而不答："不。"然后纠正道："并不比以往更甚。"又明确道："或者以转瞬即逝的方式。"继而显得忧郁，道："重要的死亡，是萦绕着国家的那一种。而我的责任，就在于此。"

于是我重新合上了我记笔记的小本子。我想起自这次总统竞选历险开始就堆在我书桌上的那些小本子和堆积的字句。这些常常是我随时捕捉而得、匆匆写下的，重写时生怕会歪曲原意。所有这些句子道出了一种长久的伙伴关系，一段非凡的行程，还有那些我不会重写出来的句子，因为它们只属于我们自己。

---

[1] 加奥（Gao）是马里的一个城市，在那里曾发生过针对法国士兵的恐怖袭击活动。

而兴许正是这些堆在桌子上的小本子让我决定在我们分手之际说出了如下这番最后的话。"说到底,埃马纽埃尔·马,没有成为一个作家,你不觉得遗憾吗?"他脱口而出:"生活还没有结束。"

他莞尔一笑。

Originally published in France as:
"Un personnage de roman" by Philippe Besson
© Editions Julliard, Paris, 2017
Current Chinese translation rights arranged through Divas International, Paris
迪法国际版权代理

© 中南博集天卷文化传媒有限公司。本书版权受法律保护。未经权利人许可，任何人不得以任何方式使用本书包括正文、插图、封面、版式等任何部分内容，违者将受到法律制裁。

著作权合同登记号：图字 18-2019-307

图书在版编目（CIP）数据

马克龙：年轻创造传奇 /（法）菲利普·贝松（Philippe Besson）著；余中先译 . -- 长沙：湖南文艺出版社，2022.6
ISBN 978-7-5404-9787-3

Ⅰ.①马… Ⅱ.①菲…②余… Ⅲ.①马克龙（Macron, E）—传记 Ⅳ.① K835.657=5

中国版本图书馆 CIP 数据核字（2022）第 072061 号

上架建议：畅销·励志

MAKELONG: NIANQING CHUANGZAO CHUANQI
马克龙：年轻创造传奇

作　　者：	[法] 菲利普·贝松
译　　者：	余中先
出 版 人：	曾赛丰
责任编辑：	丁丽丹
监　　制：	吴文娟
策划编辑：	李甜甜　曾雅婧
特约编辑：	刘　君
版权支持：	张雪珂
营销编辑：	傅　丽　闵　婕
封面设计：	李　洁
版式设计：	潘雪琴
内文排版：	百朗文化
出　　版：	湖南文艺出版社
	（长沙市雨花区东二环一段 508 号　邮编：410014）
网　　址：	www.hnwy.net
印　　刷：	三河市鑫金马印装有限公司
经　　销：	新华书店
开　　本：	875mm×1270mm　1/32
字　　数：	137 千字
印　　张：	7
版　　次：	2022 年 6 月第 1 版
印　　次：	2022 年 6 月第 1 次印刷
书　　号：	ISBN 978-7-5404-9787-3
定　　价：	58.00 元

若有质量问题，请致电质量监督电话：010-59096394
团购电话：010-59320018